2021

宋朝小日子

唯物主艺 编著

中国人民大学出版社
·北京·

春

宋·李清照

为报今年春色好，花光月影宜相照。

夏

宋·蔡确

纸屏石枕竹方床，手倦抛书午梦长。

秋

宋·范成大

烦将链火炊香饭，更引长泉煮斗茶。

冬

宋·杜耒

寒夜客来茶当酒，竹炉汤沸火初红。

《千里江山图》局部 / 宋 / 王希孟

2021

星期五

1月1日

Friday

1 January

01

庚子年

十一月十八

元旦

001/365

扫一扫

听喜马拉雅官方音频

《宋朝小日子》

宋风雅韵，诗意书香，

烧香点茶，挂画插花，

四般闲事，不宜累家。

开启宋朝小日子

《听琴图》局部 / 宋 / 赵佶

2021

02

星期六

1月2日

Saturday

2 January

庚子年

十一月十九

002/365

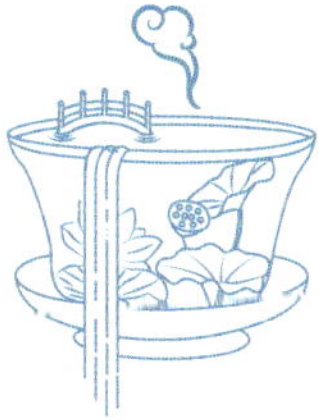

吟徵调商灶下桐，松间疑有入松风。

《青绿山水长卷》局部 / 宋 / 刘松年

2021

03

星期日

1月3日

Sunday

3 January

庚子年

十一月二十

003/365

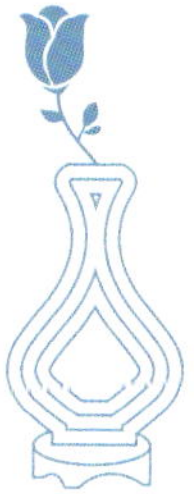

几时归去，作个闲人。

对一张琴，一壶酒，一溪云。

至和通宝 / 北宋仁宗赵祯年间 / 钱币

2021

星期一

1月4日

Monday

4 January

04

庚子年

十一月廿一

004/365

扫一扫

听喜马拉雅官方音频

《宋朝小日子》

一钱为本万钱利，富不足而贫有余。

宋人也爱炒期货

大观通宝 / 宋徽宗大观年间 / 钱币

2021

星期二

1月5日

Tuesday

5 January

05

庚子年

十一月廿二

小寒

005/365

钱钱何难得，令我独憔悴。

海兽纹银圆盘 / 宋 / 金银器

2021

星期三

1月6日

Wednesday

6 January

06

庚子年

十一月廿三

006/365

留得五湖明月在，不愁无处下金钩。

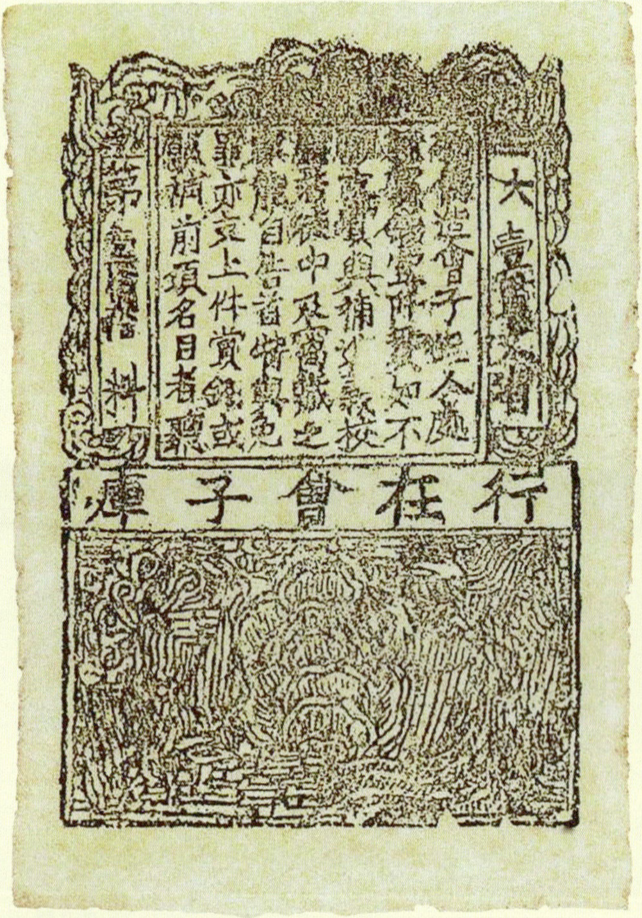

交子 / 北宋真宗年间 / 纸币

2021

07

星期四

1月7日

Thursday

7 January

庚子年

十一月廿四

007/365

成都交子，汇通天下。

银熏炉 / 宋 / 金银器

宋朝小日子 / Cozy days in the Song Dynasty

2021

08

星期五

1月8日

Friday

8 January

庚子年

十一月廿五

008/365

麈尾唾壶俱屏去，尚存余习炷炉香。

宋人也爱炒期货

宋 | 象钮莲盖银注子、双耳银温碗 / 宋 / 金银器

2021

09

星期六

1月9日

Saturday

9 January

庚子年

十一月廿六

009/365

访友定寻云外寺，携壶须上竹边楼。

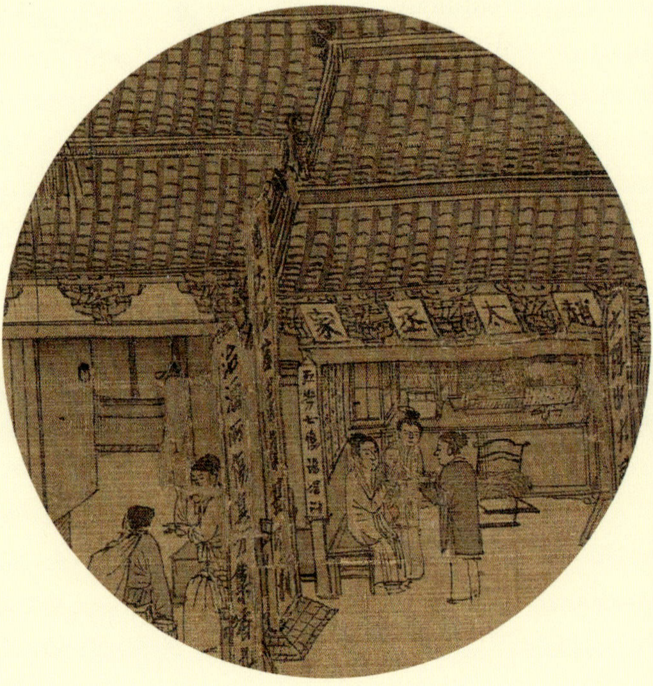

《清明上河图》局部 / 宋 / 张择端

2021

星期日

1月10日

Sunday

10 January

10

庚子年

十一月廿七

010/365

南街瓦肆隐芦笙，北舍莲花鸭味浓。

听 | 宋人也爱炒期货

《青绿山水长卷》局部 / 宋 / 刘松年

2021

星期一

1月11日

Monday

11 January

11

庚子年

十一月廿八

011/365

扫一扫

听喜马拉雅官方音频

《宋朝小日子》

下马先寻题壁字，出门闲记榜村名。

《四景山水图》局部 / 宋 / 刘松年

2021

星期二

1月12日

Tuesday

12 January

12

庚子年

十一月廿九

012/365

邯郸驿里逢冬至，抱膝灯前影伴身。

《秋窗读书图》局部 / 宋 / 刘松年

2021

星期三

1月13日

Wednesday

13 January

13

庚子年

腊月初一

013/365

传屐朝寻药，分灯夜读书。

宋 | 《山馆读书图》局部 / 宋 / 刘松年

2021

星期四

1月14日

Thursday

14 January

14

庚子年

腊月初二

014/365

诗书趣有永，风月净无双。

《青绿山水长卷》局部 / 宋 / 刘松年

2021

星期五

1月15日

Friday

15 January

15

庚子年

腊月初三

015/365

旧时茅店社林边，路转溪桥忽见。

《青绿山水长卷》局部 / 宋 / 刘松年

宋朝小日子 / Cozy days in the Song Dynasty

2021

星期六

1月16日

Saturday

16 January

16

庚子年

腊月初四

016/365

怅望梅花驿，凝情杜若洲。

《盘车图》局部 / 宋 / 佚名

2021

星期日

1月17日

Sunday

17 January

17

庚子年

腊月初五

017/365

山势盘斜随涧谷，侧辙倾辕如欲覆。

㊍ | 景德镇窑青白釉刻花兽纽注子、温酒碗 / 宋 / 瓷器

2021

星期一

1月18日

Monday

18 January

18

庚子年

腊月初六

018/365

扫一扫

听喜马拉雅官方音频

《宋朝小日子》

青灯影冷棋三战，红火炉温酒一杯。

宋朝喝酒上樊楼

《清明上河图》局部 / 宋 / 张择端

2021

星期二

1月19日

Tuesday

19 January

19

庚子年

腊月初七

019/365

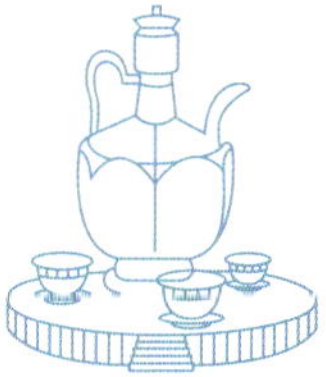

一骑樊楼日暮时，风尘无路去何之。

听 | 宋朝喝酒上樊楼

听《宋朝小日子》，品宋式生活美学

《莲舟新月图》局部 / 宋 / 赵伯驹

2021

星期三

1月20日

Wednesday

20 January

20

庚子年

腊月初八

大寒 / 腊八节

020/365

三竺峰峦非艮岳，两堤灯火似樊楼。

《清明上河图》局部 / 明 / 仇英

宋朝小日子 / Cozy days in the Song Dynasty

2021

星期四

1月21日

Thursday

21 January

21

庚子年

腊月初九

021/365

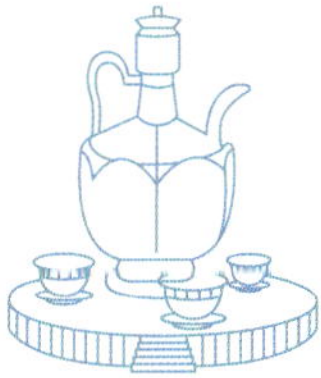

百般美物珍馐味，四面栏杆彩画檐。

宋朝喝酒上樊楼

听《宋朝小日子》，品宋式生活美学

《清明上河图》局部 / 明 / 仇英

2021

星期五

1月22日

Friday

22 January

22

庚子年

腊月初十

022/365

画桥虹卧汴河渠，两岸风烟天下无。

建窑油滴天目盏 / 宋 / 酒器

2021

星期六

1月23日

Saturday

23 January

23

庚子年

腊月十一

023/365

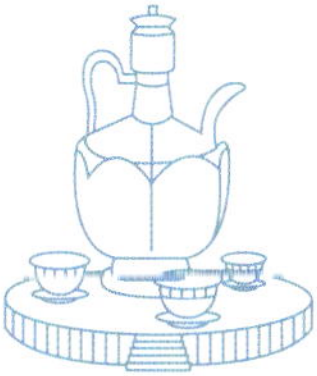

兔毫连盏烹云液，能解红颜入醉乡。

龙泉窑青釉弦纹执壶/ 宋 / 酒器

2021

星期日

1月24日

Sunday

24 January

24

庚子年

腊月十二

024/365

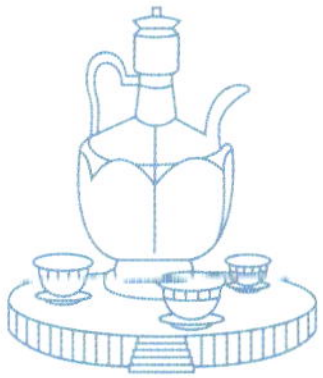

身闲更觉身轻。酒壶歌扇随行。

听 | 宋朝喝酒上樊楼

听《宋朝小日子》，品宋式生活美学

《清明上河图》局部 / 宋 / 张择端

2021

星期一

1月25日

Monday

25 January

25

庚子年

腊月十三

025/365

扫一扫

听喜马拉雅官方音频

《宋朝小日子》

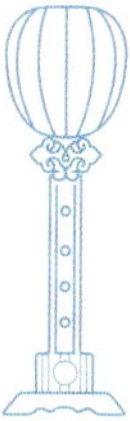

夜市桥边火，春风寺外船。

《清明上河图》局部 / 宋 / 张择端

2021

星期二

1月26日

Tuesday

26 January

26

庚子年

腊月十四

026/365

市列珠玑，户盈罗绮，竞豪奢。

㊌ | 《清明上河图》局部 / 宋 / 张择端

2021

星期三

1月27日

Wednesday

27 January

27

庚子年

腊月十五

027/365

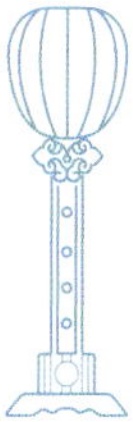

夜市卖菱藕，春船载绮罗。

《寒林楼观图》局部 / 宋 / 佚名

2021

星期四

1月28日

Thursday

28 January

28

庚子年

腊月十六

028/365

夜市千灯照碧云，高楼红袖客纷纷。

《清明上河图》局部 / 宋 / 张择端

2021

星期五

1月29日

Friday

29 January

29

庚子年

腊月十七

029/365

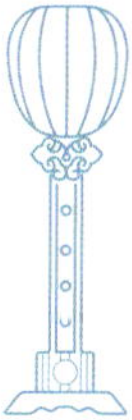

篝灯交易，识辨银钱真伪，纤毫莫欺。

《清明上河图》局部 / 宋 / 张择端

2021

30

星期六

1月30日

Saturday

30 January

庚子年

腊月十八

030/365

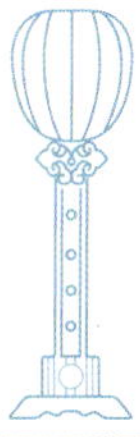

玉京曾忆昔繁华。万里帝王家。

《观灯图》局部 / 宋 / 李嵩

2021

星期日

1月31日

Sunday

31 January

31

庚子年

腊月十九

031/365

坐看万里河汉外，移下一天星斗来。

《小雅南有嘉鱼篇书画卷》局部 / 宋 / 马和之

宋朝小日子 / Cozy days in the Song Dynasty

2021

01

星期一

2月1日

Monday

1 February

庚子年

腊月二十

032/365

扫一扫

听喜马拉雅官方音频

《宋朝小日子》

黄田港北水如天，万里风樯看贾船。

宋朝家有进口货

听《宋朝小日子》，品宋式生活美学

《清明上河图》局部 / 明 / 仇英

宋朝小日子 / Cozy days in the Song Dynasty

2021

02

星期二

2月2日

Tuesday

2 February

庚子年

腊月廿一

033/365

海外珠犀常入市，人间鱼蟹不论钱。

龙泉莲花碗 / 宋 / 瓷器

宋朝小日子 / Cozy days in the Song Dynasty

2021

星期三

2月3日

Wednesday

3 February

03

庚子年

腊月廿二

立春

034/365

匣头赤脚半蕃商，大舶高樯多海宝。

宋朝家有进口货

《清明上河图》局部 / 明 / 仇英

2021

星期四

2月4日

Thursday

4 February

04

庚子年

腊月廿三

小年

035/365

百货随潮船入市，万家沽酒户垂帘。

月影梅纹银盘 / 宋 / 银盘

2021

星期五

2月5日

Friday

5 February

05

庚子年

腊月廿四

036/365

月从海东来，径尺熔银盘。

钧窑天蓝釉菊瓣盘 / 宋 / 瓷器

2021

星期六

2月6日

Saturday

6 February

06

庚子年

腊月廿五

037/365

入窑一色，出窑万彩。

《清明上河图》局部 / 明 / 仇英

2021

星期日

2月7日

Sunday

7 February

07

庚子年

腊月廿六

038/365

莹彻琉璃瓶外影，闻香不待蜡封开。

《岁朝图》局部 / 宋 / 赵昌

宋朝小日子 / Cozy days in the Song Dynasty

2021

星期一

2月8日

Monday

8 February

08

庚子年

腊月廿七

039/365

扫一扫

听喜马拉雅官方音频

《宋朝小日子》

春悄悄，夜迢迢。碧云天共楚宫遥。

勾栏乐舞 / 宋 / 四川泸县宋代石刻博物馆

2021

星期二

2月9日

Tuesday

9 February

09

庚子年

腊月廿八

040/365

金暖香彝，玉鸣舞佩，春笋调丝竹。

《杂剧打花鼓图》局部 / 宋 / 佚名

2021

星期三

2月10日

Wednesday

10 February

10

庚子年

腊月廿九

041/365

乐使金花鼓，蛮衣紫锦鞍。

《楼阁图》局部 / 宋 / 夏明远

2021

星期四

2月11日

Thursday

11 February

11

庚子年

腊月三十

除夕

042/365

有人添烛西窗，不眠侵晓，
笑声转、新年莺语。

《百子嬉春图》局部 / 宋 / 苏汉臣

2021

星期五

2月12日

Friday

12 February

12

辛丑年

正月初一

春节

043/365

春苑风和蔼戏场，狰狞头角总圭璋。

宋 | 《大傩图》局部 / 宋 / 佚名

2021

星期六

2月13日

Saturday

13 February

13

辛丑年

正月初二

044/365

驱傩吹笛又击鼓，瘦鬼涂面赤双足。

《桃花鸳鸯图》局部 / 宋 / 佚名

2021

星期日

2月14日

Sunday

14 February

14

辛丑年

正月初三

情人节

045/365

扫一扫

听喜马拉雅官方音频

《宋朝小日子》

鸳鸯从小自相双，若不多情头不白。

宋朝欢度情人节

《写生紫薇图》/ 宋 / 卫升

2021

星期一

2月15日

Monday

15 February

15

辛丑年

正月初四

046/365

独坐黄昏谁是伴，紫薇花对紫微郎。

《花卉四段图》局部 / 宋 / 赵昌

2021

星期二

2月16日

Tuesday

16 February

16

辛丑年

正月初五

047/365

连理枝头花正开，妒花风雨便相催。

《寒雀图》局部 / 宋 / 崔白

2021

星期三

2月17日

Wednesday

17 February

17

辛丑年

正月初六

048/365

寒雀满疏篱，争抱寒柯看玉蕤。

听 | 宋朝欢度情人节

听《宋朝小日子》，品宋式生活美学

《夜合花图》/ 宋 / 佚名

2021

星期四

2月18日

Thursday

18 February

18

辛丑年

正月初七

雨水

049/365

夜合花开香满庭，夜深微雨醉初醒。

《竹汀鸳鸯图》局部 / 宋 / 佚名

2021

星期五

2月19日

Friday

19 February

19

辛丑年

正月初八

050/365

长相思，长相思。

若问相思甚了期，除非相见时。

《五色鹦鹉图》局部 / 宋 / 赵佶

2021

星期六

2月20日

Saturday

20 February

20

辛丑年

正月初九

051/365

鹦鹉杯深君莫诉。他时相遇知何处。

《清明上河图》局部 / 明 / 仇英

2021

星期日

2月21日

Sunday

21 February

21

辛丑年

正月初十

052/365

红酥手，黄縢酒。满城春色宫墙柳。

《西园雅集图》局部 / 宋 / 刘松年

2021

星期一

2月22日

Monday

22 February

22

辛丑年

正月十一

053/365

扫一扫

听喜马拉雅官方音频

《宋朝小日子》

水石潺湲，风竹相吞，

炉烟方袅，草木自馨。

《西湖柳艇图轴》局部 / 宋 / 夏圭

2021

星期二

2月23日

Tuesday

23 February

23

辛丑年

正月十二

054/365

人间清旷之乐，不过如此。

丨《十八学士图》局部 / 宋 / 佚名

2021

星期三

2月24日

Wednesday

24 February

24

辛丑年

正月十三

055/365

临津艳艳花千树，夹径斜斜柳数行。

《十八学士图》局部 / 宋 / 佚名

2021

星期四

2月25日

Thursday

25 February

25

辛丑年

正月十四

056/365

琴书闲暇永清昼，簪履光彩明华星。

《江山秋色图》局部 / 宋 / 赵伯驹
宋朝小日子 / Small days in Song Dynasty

2021

星期五

2月26日

Friday

26 February

26

辛丑年

正月十五

元宵节

057/365

春城儿女纵春游，醉倚层台笑上楼。

鹿纹饰件 / 宋 / 白玉 / 杭州宋代玉器艺术馆

2021

星期六

2月27日

Saturday

27 February

27

辛丑年

正月十六

058/365

鹿门有月树下行，虎溪无风舟上宿。

出行图 / 宋 / 青玉 / 杭州宋代玉器艺术馆

2021

星期日

2月28日

Sunday

28 February

28

辛丑年

正月十七

059/365

涧水绿中声漱玉，岭云白外光浮碧。

《游骑图》局部 / 宋 / 佚名

2021

星期一

3月1日

Monday

1 March

01

辛丑年

正月十八

060/365

扫一扫

听喜马拉雅官方音频

《宋朝小日子》

静避绿阴莺有意，漫随游骑絮多才。

听 | 宋人踢球功夫好

听《宋朝小日子》，品宋式生活美学

《宋太祖蹴鞠图》局部 / 宋 / 佚名

2021

02

星期二

3月2日

Tuesday

2 March

辛丑年

正月十九

061/365

寒食梁州十万家，蹴鞠秋千尚豪华。

听 | 宋人踢球功夫好

《羌胡出猎图》局部 / 宋 / 陈居中

2021

星期三

3月3日

Wednesday

3 March

03

辛丑年

正月二十

062/365

我与二三骑，争驰孤戍旁。
逐麋逢野寺，息马据胡床。

听 | 宋人蹴球功夫好

听《宋朝小日子》，品宋式生活美学

宋 |《牧牛图页》/ 宋 / 李唐

2021

星期四

3月4日

Thursday

4 March

04

辛丑年

正月廿一

063/365

临门巧射真修炼，寸土腾挪是本行。

听 | 宋人踢球功夫好

听《宋朝小日子》，品宋式生活美学

《游骑图》局部 / 宋 / 佚名

宋朝小日子 / Cozy days in the Song Dynasty

2021

星期五

3月5日

Friday

5 March

05

辛丑年

正月廿二

惊蛰

064/365

珠勒珊鞭控骏駹，如茵芳草印蹄双。

《游骑图》局部 / 宋 / 佚名

2021

星期六

3月6日

Saturday

6 March

06

辛丑年

正月廿三

065/365

芳邻无物示熙春，无语生欢花彩新。

宋人踢球功夫好

《游骑图》局部 / 宋 / 佚名

2021

星期日

3月7日

Sunday

7 March

07

辛丑年

正月廿四

066/365

换弹背观聊立马，待他衮衮逐丸人。

听 | 宋人踢球功夫好

《天女献花图》局部 / 宋 / 刘松年

2021

星期一

3月8日

Monday

8 March

08

辛丑年

正月廿五

妇女节

067/365

扫一扫

听喜马拉雅官方音频

《宋朝小日子》

白白红红满山谷，不知天女散何花。

《蜀葵图》/ 宋 / 佚名

2021

星期二

3月9日

Tuesday

9 March

09

辛丑年

正月廿六

068/365

杏梁归燕双回首。黄蜀葵花开应候。

《海棠蛱蝶图》/ 宋 / 佚名

2021

星期三

3月10日

Wednesday

10 March

10

辛丑年

正月廿七

069/365

翩翩舞袖穿花蝶，宛转歌喉贯索珠。

《碧桃图》/ 宋 / 佚名

宋朝小日子 / Cozy days in the Song Dynasty

2021

星期四
3月11日
Thursday
11 March

11

辛丑年
正月廿八

070/365

绡裳月曳瑶台晚，绿蒂烟凝粉瓣晴。

《十八学士图》局部 / 宋 / 佚名

2021

星期五

3月12日

Friday

12 March

12

辛丑年

正月廿九

植树节

071/365

阮琴斜挂香罗绶。玉纤初试琵琶手。

《盥手观花图》局部 / 宋 / 佚名

宋朝小日子 / Small days in Song Dynasty

2021

星期六

3月13日

Saturday

13 March

13

辛丑年

二月初一

072/365

华堂醉赏轴珠帘。插花人好手纤纤。

《花篮图》局部 / 宋 / 李嵩

2021

14

星期日

3月14日

Sunday

14 March

辛丑年

二月初二

龙头节

073/365

草树知春不久归，百般红紫斗芳菲。

钧窑玫瑰紫釉菱花式花盆 / 宋 / 瓷器

2021

星期一

3月15日

Monday

15 March

15

辛丑年

二月初三

074/365

扫一扫

听喜马拉雅官方音频

《宋朝小日子》

峡谷飞瀑兔丝缕，夕阳紫翠忽成岚。

龙泉黄釉花觚 / 宋 / 瓷器

2021

星期二

3月16日

Tuesday

16 March

16

辛丑年

二月初四

075/365

少日春怀似酒浓。插花走马醉千钟。

宋人插花醉春风

定窑白釉刻花瓶 / 宋 / 陶瓷

2021

星期三

3月17日

Wednesday

17 March

17

辛丑年

二月初五

076/365

窗底梅花瓶底老，瓶边破砚梅边好。

《花篮图》/ 宋 / 赵昌

2021

星期四

3月18日

Thursday

18 March

18

辛丑年

二月初六

077/365

玉碗冰寒滴露华。粉融香雪透轻纱。

《梨花鹦鹉图》局部 / 宋 / 佚名

宋朝小日子 / Small days in Song Dynasty

2021

星期五

3月19日

Friday

19 March

19

辛丑年

二月初七

078/365

梨花淡白柳深青，柳絮飞时花满城。

听 | 宋人插花醉春风

听《宋朝小日子》，品宋式生活美学

《倚云仙杏图》局部 / 宋 / 马远

宋朝小日子 / Small days in Song Dynasty

2021

星期六

3月20日

Saturday

20 March

20

辛丑年

二月初八

春分

079/365

风吹梅蕊闹，雨细杏花香。

听 | 宋人插花醉春风

宋 听《宋朝小日子》，品宋式生活美学

《听琴图》局部 / 宋 / 赵佶

2021

星期日

3月21日

Sunday

21 March

21

辛丑年

二月初九

080/365

翠崖红栈郁参差，小盆初程景最奇。

| 《千里江山图》局部 / 宋 / 王希孟

宋朝小日子 / Small days in Song Dynasty

2021

星期一

3月22日

Monday

22 March

22

辛丑年

二月初十

081/365

扫一扫

听喜马拉雅官方音频

《宋朝小日子》

千里江山空陌巷，三分青绿染峥嵘。

听 | 宋人也打高尔夫

《蕉阴击球图》局部 / 宋 / 佚名

2021

星期二

3月23日

Tuesday

23 March

23

辛丑年

二月十一

082/365

城间小儿喜捶丸，一棒横击落青毡。

听 | 宋人也打高尔夫

听《宋朝小日子》，品宋式生活美学

《仕女图卷》局部 / 明 / 杜堇

宋朝小日子 / Small days in Song Dynasty

2021

星期三

3月24日

Wednesday

24 March

24

辛丑年

二月十二

083/365

殿前铺设两边楼，寒食宫人步打球。

听 | 宋人也打高尔夫

听《宋朝小日子》，品宋式生活美学

《明宣宗行乐图》局部 / 明 / 佚名

2021

星期四

3月25日

Thursday

25 March

25

辛丑年

二月十三

084/365

器利艺精，心手相应，临事发机，无不中也。

定窑白釉孩儿枕 / 宋 / 北京故宫博物院藏

2021

星期五

3月26日

Friday

26 March

26

辛丑年

二月十四

085/365

瓷枕通灵气，全胜珉与珊。

听 | 宋人也打高尔夫

听《宋朝小日子》，品宋式生活美学

《沙汀烟树图》局部 / 宋 / 惠崇

宋朝小日子 / Small days in Song Dynasty

2021

星期六

3月27日

Saturday

27 March

27

辛丑年

二月十五

086/365

不知何处吹渔笛，惊起水禽飞破空。

听 | 宋人也打高尔夫

《青绿山水图》局部 / 宋 / 刘松年
宋朝小日子 / Small days in Song Dynasty

2021

星期日

3月28日

Sunday

28 March

28

辛丑年

二月十六

087/365

闲云野鹤无尘迹，应识蓬壶去未还。

听 | 宋人也打高尔夫

2021

星期一

3月29日

Monday

29 March

29

辛丑年

二月十七

088/365

扫一扫

听喜马拉雅官方音频

《宋朝小日子》

借问酒家何处有？牧童遥指杏花村。

《风雨牧归图》局部 / 宋 / 李迪

2021

星期二

3月30日

Tuesday

30 March

30

辛丑年

二月十八

089/365

无花无酒过清明，兴味萧然似野僧。

《清明上河图》局部 / 明 / 仇英

2021

星期三

3月31日

Wednesday

31 March

31

辛丑年

二月十九

090/365

佳节清明桃李笑，野田荒家只生愁。

宋朝齐聚清明节

《清明上河图》局部 / 明 / 仇英

2021

星期四

4月1日

Thursday

1 April

01

辛丑年

二月二十

愚人节

091/365

才乘一线凭云去，便有愚儿仰面看。

宋汝窑天青釉圆洗 / 宋 / 陶瓷

2021

星期五
4月2日
Friday
2 April

02

辛丑年
二月廿一
092/365

春气满林香，春游不可忘。
落花吹欲尽，垂柳折还长。

《溪山春晓图》局部 / 宋 / 惠崇

2021

星期六

4月3日

Saturday

3 April

03

辛丑年

二月廿二

093/365

谁写江南雨后岑，清寒空阔扑云林。

《春宴图》局部 / 宋 / 佚名

2021

星期日

4月4日

Sunday

4 April

04

辛丑年

二月廿三

清明

094/365

昨日杏园春宴罢，满身红雨带花归。

《宋仁宗后坐像轴》局部 / 宋 / 佚名

宋朝小日子 / Cozy days in the Song Dynasty

2021

星期一

4月5日

Monday

5 April

05

辛丑年

二月廿四

095/365

扫一扫

听喜马拉雅官方音频

《宋朝小日子》

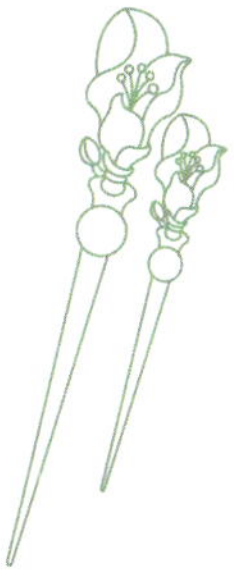

人老簪花不自羞，花应羞上老人头。

《花卉四段图》局部 / 宋 / 赵昌

2021

06

星期二

4月6日

Tuesday

6 April

辛丑年

二月廿五

096/365

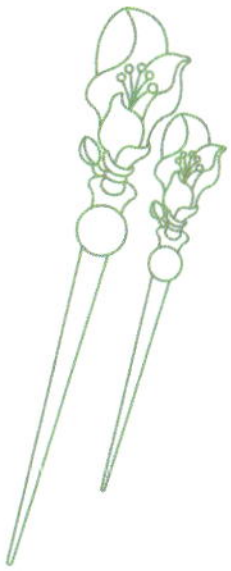

晚来骤雨山头过，栀子花开满院香。

宋人簪花多元化

《白芙蓉图》局部 / 宋 / 李迪

2021

星期三

4月7日

Wednesday

7 April

07

辛丑年

二月廿六

097/365

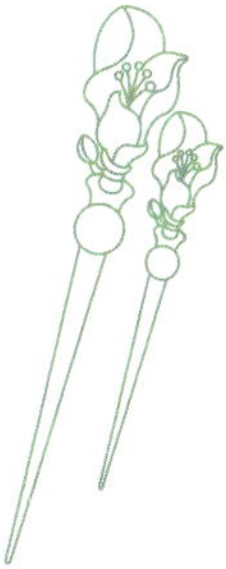

几见芙蓉并蒂，忽生三秀灵芝。

听 | 宋人簪花多元化

宋 听《宋朝小日子》，品宋式生活美学

| 《田畯醉归图》局部 / 宋 / 佚名

2021

08

星期四

4月8日

Thursday

8 April

辛丑年

二月廿七

098/365

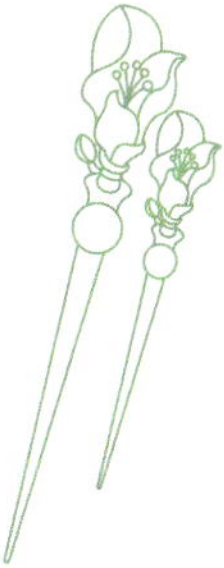

洛阳风俗重繁华，荷担樵夫亦戴花。

宋人簪花多元化

听《宋朝小日子》，品宋式生活美学

《秋葵图》/ 宋 / 佚名

2021

星期五

4月9日

Friday

9 April

09

辛丑年

二月廿八

099/365

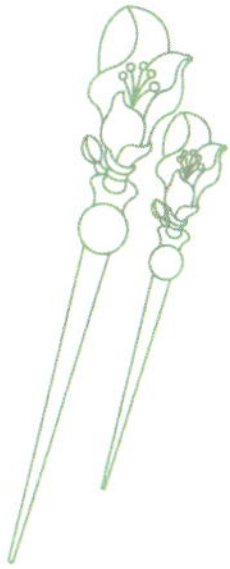

栋梁酣夕照，雉堞蔓秋葵。

宋人簪花多元化

听《宋朝小日子》，品宋式生活美学

《牡丹图》/ 宋 / 佚名

2021

星期六

4月10日

Saturday

10 April

10

辛丑年

二月廿九

100/365

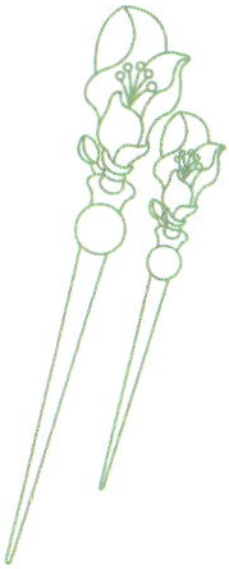

牡丹破萼樱桃熟，未许飞花减却春。

听 | 宋人簪花多元化

宋 听《宋朝小日子》，品宋式生活美学

2021

星期日

4月11日

Sunday

11 April

11

辛丑年

二月三十

101/365

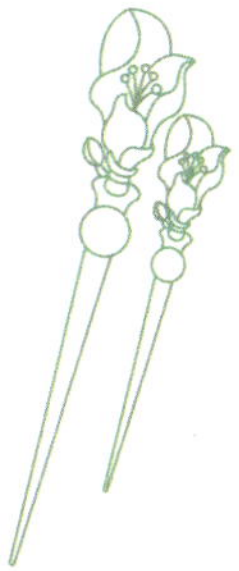

牡丹落尽正凄凉，红药开时醉一场。

听 | 宋人簪花多元化

听《宋朝小日子》，品宋式生活美学

《九龙图》局部 / 宋 / 陈容

2021

星期一

4月12日

Monday

12 April

12

辛丑年

三月初一

102/365

扫一扫

听喜马拉雅官方音频

《宋朝小日子》

白路萦回九龙脊，水光翻动五湖天。

听 | 宋人花绣真漂亮

《九龙图》局部 / 宋 / 陈容

宋朝小日子 / Cozy days in the Song Dynasty

2021

星期二

4月13日

Tuesday

13 April

13

辛丑年

三月初二

103/365

帝悯苍生热，敕下九龙渊。

汝窑青瓷胆瓶 / 宋 / 青瓷

2021

星期三

4月14日

Wednesday

14 April

14

辛丑年

三月初三

104/365

道是渠侬不好事，青瓷瓶插紫薇花。

听 | 宋人花绣真漂亮

听《宋朝小日子》，品宋式生活美学

宋 | 朱雀石刻 / 宋 / 四川泸县宋代石刻博物馆

2021

星期四

4月15日

Thursday

15 April

15

辛丑年

三月初四

105/365

追想旧游如梦寐，摩挲石刻但咨嗟。

龙王石刻 / 宋 / 四川泸县宋代石刻博物馆

2021

星期五

4月16日

Friday

16 April

16

辛丑年

三月初五

106/365

东峰峨龙头，西岭掉其尾。
蜿蜒藏爪鬣，云卧久未起。

吉州窑卷云纹瓷瓶 / 宋 / 瓷器

2021

星期六

4月17日

Saturday

17 April

17

辛丑年

三月初六

107/365

萼绿华家萼绿春。山瓶何处下青云。

高浮雕青龙刻 / 宋 / 四川泸县宋代石刻博物馆

2021

星期日

4月18日

Sunday

18 April

18

辛丑年

三月初七

108/365

玉帐传心如镜，青龙绕指成轮。

湖田窑葵口刻花碗 / 宋 / 瓷器

2021

星期一

4月19日

Monday

19 April

19

辛丑年

三月初八

109/365

扫一扫

听喜马拉雅官方音频

《宋朝小日子》

采撷无阙日，烹饪有秘方。

《水墨写生图》局部 / 宋 / 法常

2021

星期二

4月20日

Tuesday

20 April

20

辛丑年

三月初九

谷雨

110/365

夜半酣酒江月下，美人纤手炙鱼头。

《水墨写生图》局部 / 宋 / 法常

2021

星期三

4月21日

Wednesday

21 April

21

辛丑年

三月初十

111/365

螯封嫩玉双双满，壳凸红脂块块香。

宋人厨娘正当红

《春宴图》局部 / 宋 / 佚名

2021

星期四

4月22日

Thursday

22 April

22

辛丑年

三月十一

地球日

112/365

冠盖早朝星在树，管弦春宴月当花。

《春宴图》局部 / 宋 / 佚名

2021

星期五

4月23日

Friday

23 April

23

辛丑年

三月十二

113/365

花似海，月如盆。不任宣劝醉醺醺。

定窑划花牡丹盘 / 宋 / 瓷器

2021

星期六

4月24日

Saturday

24 April

24

辛丑年

三月十三

114/365

盘纷素脍鱼腴美，齿渍寒津蔗境肥。

2021

星期日

4月25日

Sunday

25 April

25

辛丑年

三月十四

115/365

晕如雨后霁霞红，出火还加微炙工。

《纺车图》局部 / 宋 / 王居正

2021

26

星期一

4月26日

Monday

26 April

辛丑年

三月十五

116/365

扫一扫

听喜马拉雅官方音频

《宋朝小日子》

田家苦作余，轧轧操车鸣。

《纺车图》局部 / 宋 / 王居正

2021

星期二

4月27日

Tuesday

27 April

27

辛丑年

三月十六

117/365

母子勤纺织，不羡罗绮荣。

《耕织图》局部 / 宋 / 梁楷

宋朝小日子 / Cozy days in the Song Dynasty

2021

星期三

4月28日

Wednesday

28 April

28

辛丑年

三月十七

118/365

丁男个个事播殖，红女家家动纺织。

《耕织图》局部 / 宋 / 梁楷

2021

星期四

4月29日

Thursday

29 April

29

辛丑年

三月十八

119/365

养蚕不满百，那得罗绣襦。

磁州窑黑釉铁锈花玉壶春瓶 / 宋 / 陶瓷

2021

30

星期五

4月30日

Friday

30 April

辛丑年

三月十九

120/365

玉壶买春，赏雨茅屋；
座中佳士，左右修竹。

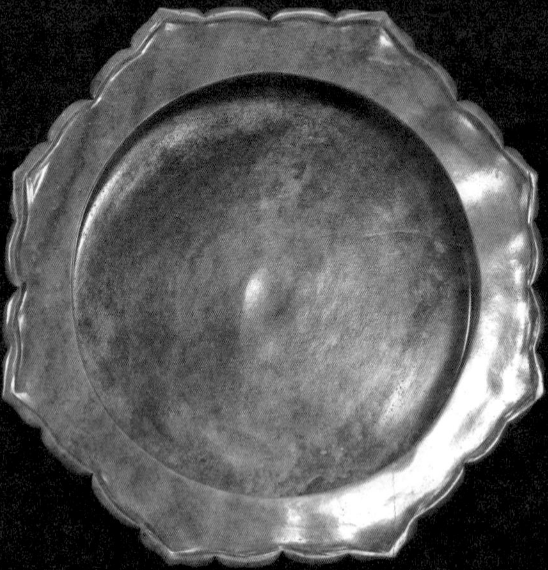

葵口洗 / 宋 / 青玉 / 杭州宋代玉器艺术馆

2021

星期六

5月1日

Saturday

1 May

01

辛丑年

三月二十

劳动节

121/365

菜上有山水，盘中有诗歌。

临汝窑青釉印花花口小碟 / 宋 / 食器

2021

星期日

5月2日

Sunday

2 May

02

辛丑年

三月廿一

122/365

雨过天青云破处，这般颜色做将来。

2021

03

星期一

5月3日

Monday

3 May

辛丑年

三月廿二

123/365

扫一扫

听喜马拉雅官方音频

《宋朝小日子》

裙拖六幅湘江水，鬓耸巫山一段云。

《韩熙载夜宴图》局部 / 南唐 / 顾闳中

2021

星期二

5月4日

Tuesday

4 May

04

辛丑年

三月廿三

青年节

124/365

尽道清歌传皓齿，风起，雪飞炎海变清凉。

《韩熙载夜宴图》局部 / 南唐 / 顾闳中

2021

星期三

5月5日

Wednesday

5 May

05

辛丑年

三月廿四

立夏

125/365

秦筝算有心情在，试写离声入旧弦。

《韩熙载夜宴图》局部 / 南唐 / 顾闳中

2021

星期四

5月6日

Thursday

6 May

06

辛丑年

三月廿五

126/365

状似明月泛云河，体如轻风动流波。

《韩熙载夜宴图》局部 / 南唐 / 顾闳中

宋朝小日子 / Cozy days in the Song Dynasty

2021

星期五
5月7日
Friday
7 May

07

辛丑年
三月廿六
127/365

正好一枝娇艳，当筵独占韶华。

《韩熙载夜宴图》局部 / 南唐 / 顾闳中

2021

星期六

5月8日

Saturday

8 May

08

辛丑年

三月廿七

128/365

熏风破晓碧莲苔，花意犹低白玉颜。

《韩熙载夜宴图》局部 / 南唐 / 顾闳中

2021

星期日

5月9日

Sunday

9 May

09

辛丑年

三月廿八

母亲节

129/365

梁园歌舞足风流，美酒如刀解断愁。

听 | 宋朝歌妓也代言

《宋仁宗后坐像轴》局部 / 宋 / 佚名

2021

星期一

5月10日

Monday

10 May

10

辛丑年

三月廿九

130/365

扫一扫

听喜马拉雅官方音频

《宋朝小日子》

簟纹衫色娇黄浅。钗头秋叶玲珑翦。

听 | 宋朝女子展身手

《女孝经图》局部 / 宋 / 佚名

2021

星期二

5月11日

Tuesday

11 May

11

辛丑年

三月三十

131/365

昭君坊中多女伴，永安宫外踏青来。

听 | 宋朝女子展身手

听《宋朝小日子》，品宋式生活美学

《女孝经图》局部 / 宋 / 佚名

2021

星期三

5月12日

Wednesday

12 May

12

辛丑年

四月初一

护士节

132/365

妙年工诗书，弱岁勤组织。

听 | 宋朝女子展身手

听《宋朝小日子》，品宋式生活美学

《女孝经图》局部 / 宋 / 佚名

2021

星期四

5月13日

Thursday

13 May

13

辛丑年

四月初二

133/365

贵妃得酒沁红色，更着领巾龙脑香。

《女孝经图》局部 / 宋 / 佚名

2021

星期五

5月14日

Friday

14 May

14

辛丑年

四月初三

134/365

青丝素丝红绿丝，织成锦衾当为谁。

听 | 宋朝女子展身手

听《宋朝小日子》，品宋式生活美学

《女孝经图》局部 / 宋 / 佚名

2021

星期六

5月15日

Saturday

15 May

15

辛丑年

四月初四

135/365

有时半掩佯羞面，微露胭脂一点红。

《女孝经图》局部 / 宋 / 佚名

2021

星期日

5月16日

Sunday

16 May

16

辛丑年

四月初五

136/365

绿杨影里，海棠亭畔，红杏梢头。

2021

星期一

5月17日

Monday

17 May

17

辛丑年

四月初六

137/365

扫一扫

听喜马拉雅官方音频

《宋朝小日子》

虎贲三千总威狩，急旃旗催叠鼓声。

宋人相扑真较量

听《宋朝小日子》，品宋式生活美学

绿釉男俑 / 宋 / 陶俑

2021

星期二

5月18日

Tuesday

18 May

18

辛丑年

四月初七

138/365

天下无对者，方可夺其赏。

听 | 宋人相扑真较量

听《宋朝小日子》，品宋式生活美学

宋 | 女子相扑 / 宋 / 石刻

2021

19

星期三

5月19日

Wednesday

19 May

辛丑年

四月初八

旅游日

139/365

疑是啸风吟雨处，怒龙彪虎角亏盈。

宋人相扑真较量

听《宋朝小日子》，品宋式生活美学

《神骏图》局部 / 宋 / 李用及

2021

20

星期四

5月20日

Thursday

20 May

辛丑年

四月初九

140/365

马前相扑，入交先脚。
不来外求，当面修削。

《斗雀图页》局部 / 宋 / 佚名

2021

星期五

5月21日

Friday

21 May

21

辛丑年

四月初十

小满

141/365

少年屈折支体软，红锦缠头酒论碗。

听 | 宋人相扑真较量

听《宋朝小日子》，品宋式生活美学

《清明上河图》局部 / 明 / 仇英

2021

星期六

5月22日

Saturday

22 May

22

辛丑年

四月十一

142/365

广场妙戏斗程材，未得天颜一笑开。

宋人相扑真较量

听《宋朝小日子》，品宋式生活美学

2021

星期日

5月23日

Sunday

23 May

23

辛丑年

四月十二

143/365

角抵罢时还宴罢，卷班出殿戴花回。

《冬日戏婴图》局部 / 宋 / 苏汉臣

2021

24

星期一

5月24日

Monday

24 May

辛丑年

四月十三

144/365

扫一扫

听喜马拉雅官方音频

《宋朝小日子》

爱汝斑斓任汝痴，了无杀意上须眉。

《戏猫图》局部 / 宋 / 佚名

2021

星期二

5月25日

Tuesday

25 May

25

辛丑年

四月十四

145/365

床头鼠辈翻盆盎，自向花间捕乳雏。

听 | 宋人吸猫有意思

听《宋朝小日子》，品宋式生活美学

宋 |《富贵花狸图》局部 / 宋 / 佚名

2021

26

星期三

5月26日

Wednesday

26 May

辛丑年

四月十五

146/365

牡丹影晨嬉成画，薄荷香中醉欲颠。

听 | 宋人吸猫有意思

听《宋朝小日子》，品宋式生活美学

2021

星期四

5月27日

Thursday

27 May

27

辛丑年

四月十六

147/365

养得狸奴善匿形，闲来花外扑蜻蜓。

《秋庭乳犬图》/ 宋 / 佚名

2021

28

星期五

5月28日

Friday

28 May

辛丑年

四月十七

148/365

仙狗吠林堪小摘，乳猫蹲竹得春萌。

《麝香图》局部 / 宋 / 毛松

2021

星期六

5月29日

Saturday

29 May

29

辛丑年

四月十八

149/365

纤钩时得小溪鱼，饱卧花阴兴有余。

《狸奴婴戏图》局部 / 五代 / 周文矩

2021

星期日

5月30日

Sunday

30 May

30

辛丑年

四月十九

150/365

闲折海榴过翠径，雪猫戏扑风花影。

听 | 宋人吸猫有意思

宋 听《宋朝小日子》，品宋式生活美学

《秋庭戏婴图》局部 / 宋 / 佚名

2021

星期一

5月31日

Monday

31 May

31

辛丑年

四月二十

151/365

扫一扫

听喜马拉雅官方音频

《宋朝小日子》

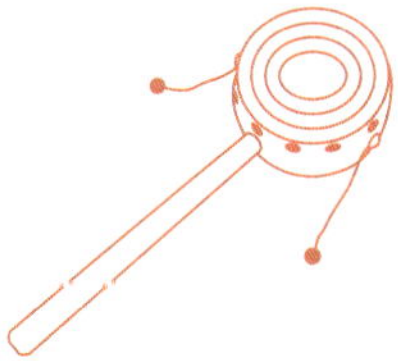

儿童嬉戏杏花堤。春归不解悲。

宋朝孩童有玩具

听《宋朝小日子》，品宋式生活美学

宋 |《小庭婴戏图》局部 / 宋 / 佚名

2021

星期二

6月1日

Tuesday

1 June

01

辛丑年

四月廿一

儿童节

152/365

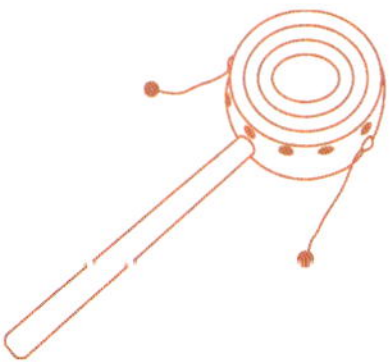

青枝满地花狼藉，知是儿孙斗草来。

㊍ | 《清明上河图》局部 / 明 / 仇英

2021

02

星期三

6月2日

Wednesday

2 June

辛丑年

四月廿二

153/365

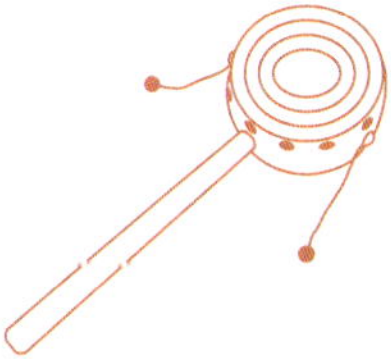

三教九流皆劳碌，兵学僧道农工商。

《货郎图》局部 / 宋 / 苏汉臣

2021

星期四

6月3日

Thursday

3 June

03

辛丑年

四月廿三

154/365

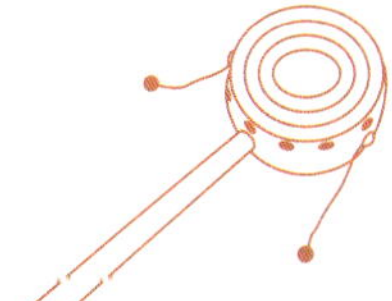

莫笑货郎痴已甚，世人谁不似其痴。

听 | 宋朝孩童有玩具

《侲童傀儡图》局部 / 宋 / 苏汉臣

2021

星期五

6月4日

Friday

4 June

04

辛丑年

四月廿四

155/365

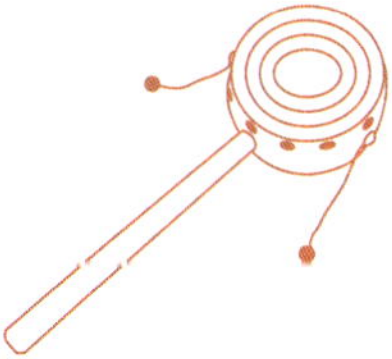

造物儿童作剧狂。悬丝傀儡戏当场。

听 | 宋朝孩童有玩具

执荷童子佩 / 宋 / 白玉 / 杭州宋代玉器艺术馆

2021

星期六

6月5日

Saturday

5 June

05

辛丑年

四月廿五

芒种

156/365

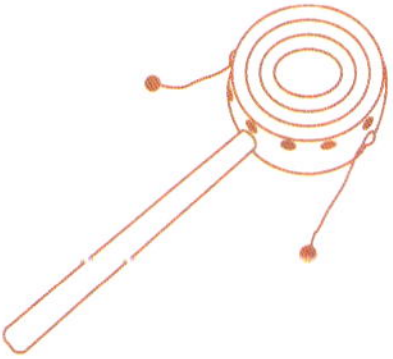

大儿锄豆溪东，中儿正织鸡笼。
最喜小儿亡赖，溪头卧剥莲蓬。

《秋庭戏婴图》局部 / 宋 / 苏汉臣

2021

星期日

6月6日

Sunday

6 June

06

辛丑年

四月廿六

157/365

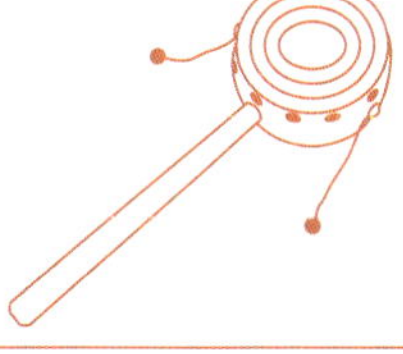

庭院秋声落枣红，拾来旋转戏儿童。

听 | 宋朝孩童有玩具

《撵茶图》局部 / 宋 / 刘松年

2021

星期一

6月7日

Monday

7 June

07

辛丑年

四月廿七

158/365

扫一扫

听喜马拉雅官方音频

《宋朝小日子》

石碾轻飞瑟瑟尘，乳香烹出建溪春。

《十八学士图》局部 / 宋 / 佚名

宋朝小日子 / Cozy days in the Song Dynasty

2021

星期二

6月8日

Tuesday

8 June

08

辛丑年

四月廿八

159/365

烹茶留客驻金鞍，月斜窗外山。

听 | 宋人点茶有高手

听《宋朝小日子》，品宋式生活美学

《文会图》局部 / 宋 / 赵佶

2021

星期三

6月9日

Wednesday

9 June

09

辛丑年

四月廿九

160/365

九曲夷山采雀舌，一溪活水煮龙团。

听 | 宋人点茶有高手

听《宋朝小日子》，品宋式生活美学

吉州窑剪纸贴花盏 / 宋 / 瓷器

2021

星期四

6月10日

Thursday

10 June

10

辛丑年

五月初一

161/365

闲停茶碗从容语，醉把花枝取次吟。

听 | 宋人点茶有高手

听《宋朝小日子》，品宋式生活美学

《撵茶图》局部 / 宋 / 刘松年

2021

星期五

6月11日

Friday

11 June

11

辛丑年

五月初二

162/365

矮纸斜行闲作草，晴窗细乳戏分茶。

听 | 宋人点茶有高手

《文会图》局部 / 宋 / 赵佶

2021

星期六

6月12日

Saturday

12 June

12

辛丑年

五月初三

163/365

坐酌泠泠水，看煎瑟瑟尘。
无由持一碗，寄与爱茶人。

听 | 宋人点茶有高手

听《宋朝小日子》，品宋式生活美学

《文会图》局部 / 宋 / 赵佶

2021

星期日

6月13日

Sunday

13 June

13

辛丑年

五月初四

164/365

今宵更有湘江月，照出菲菲满碗花。

听 | 宋人点茶有高手

《赤壁图》局部 / 宋 / 佚名

2021

星期一

6月14日

Monday

14 June

14

辛丑年

五月初五

端午节

165/365

扫一扫

听喜马拉雅官方音频

《宋朝小日子》

几度东风吹世换，千年往事随潮去。

《长江万里图》局部 / 宋 / 赵黻

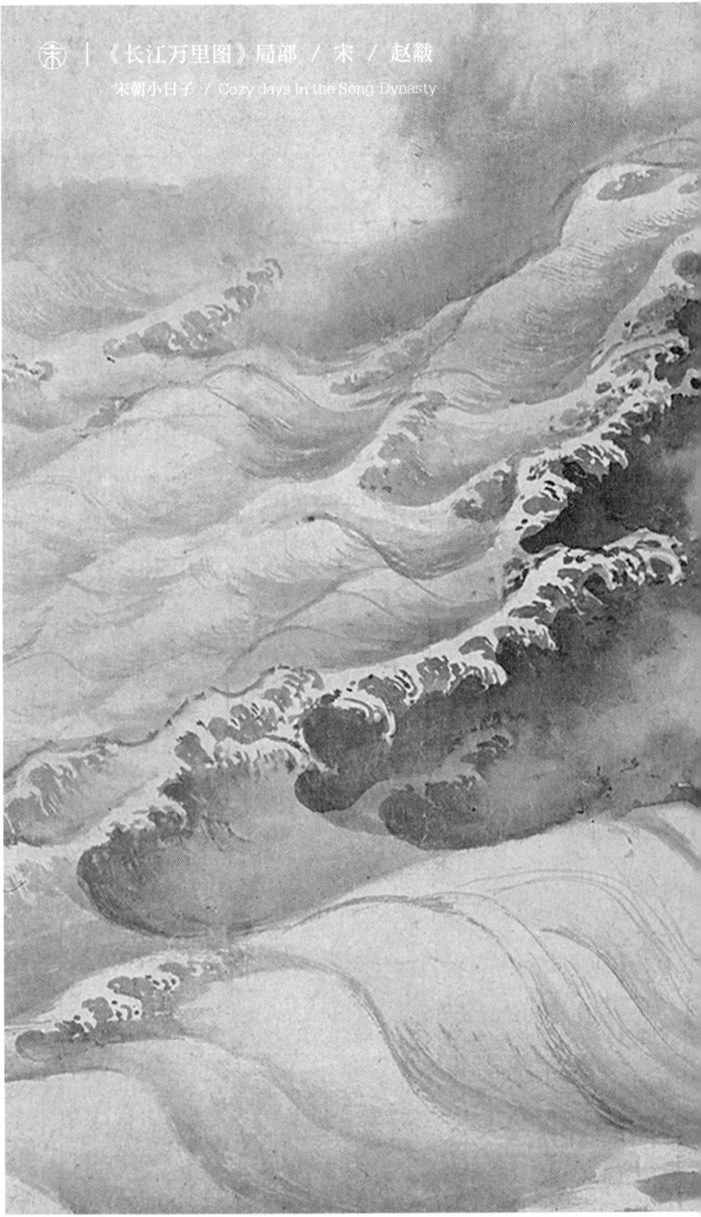

2021

星期二

6月15日

Tuesday

15 June

15

辛丑年

五月初六

166/365

断石云屯山拥蜀，惊涛雪立海吞吴。

《长江万里图》局部 / 宋 / 赵黻

2021

星期三

6月16日

Wednesday

16 June

16

辛丑年

五月初七

167/365

扁舟南下急张帆，黄头屏气窥惊湍。

听 | 宋朝江上弄潮儿

2021

星期四

6月17日

Thursday

17 June

17

辛丑年

五月初八

168/365

白藕新花照水开，红窗小舫信风回。

听 | 宋朝江上弄潮儿

听《宋朝小日子》，品宋式生活美学

《清明上河图》局部 / 明 / 仇英

宋朝小日子 / Small days in Song Dynasty

2021

星期五

6月18日

Friday

18 June

18

辛丑年

五月初九

169/365

繁荣鼎盛汴京坊，疏水航船好埠商。

《长江万里图》局部 / 宋 / 赵黻

2021

星期六

6月19日

Saturday

19 June

19

辛丑年

五月初十

170/365

翠麓青林吞欲尽，恶风白浪战方酣。

《清明上河图》局部 / 明 / 仇英

2021

星期日

6月20日

Sunday

20 June

20

辛丑年

五月十一

父亲节

171/365

看龙舟，看龙舟，两堤未斗水悠悠。

《斗茶图》局部 / 宋 / 刘松年

2021

星期一

6月21日

Monday

21 June

21

辛丑年

五月十二

夏至

172/365

扫一扫

听喜马拉雅官方音频

《宋朝小日子》

花阴小队斗龙章，渠碗香分第二汤。

《斗浆图》局部 / 宋 / 佚名

2021

星期二

6月22日

Tuesday

22 June

22

辛丑年

五月十三

173/365

斗余味兮轻醍醐，斗余香兮蒲兰芷。

《白莲社图》局部 / 宋 / 李公麟

2021

星期三

6月23日

Wednesday

23 June

23

辛丑年

五月十四

174/365

诗家冷淡作生涯，有客相过旋煮茶。

听 | 宋朝茶坊很火热

2021

星期四

6月24日

Thursday

24 June

24

辛丑年

五月十五

175/365

穿茶坊，入酒店。

后巷前街，日日常游遍。

听 | 宋朝茶坊很火热

听《宋朝小日子》，品宋式生活美学

吉州窑剪纸贴花梅花纹碗 / 宋 / 茶碗

2021

星期五

6月25日

Friday

25 June

25

辛丑年

五月十六

176/365

酒杯时乐圣，茶碗欲通仙。

听 | 宋朝茶坊很火热

㊕ | 建窑黑釉小碗 / 宋 / 茶碗

宋朝小日子 / Cozy days in the Song Dynasty

2021

星期六

6月26日

Saturday

26 June

26

辛丑年

五月十七

177/365

梢影细从茶碗入，叶声轻逐篆烟来。

㊍ | 建窑黑釉兔毫盏 / 宋 / 茶碗

宋朝小日子 / Cozy days in the Song Dynasty

2021

星期日

6月27日

Sunday

27 June

27

辛丑年

五月十八

178/365

疏帘竹簟山茶碗，此是幽人安乐窝。

听 | 宋朝茶坊很火热

听《宋朝小日子》，品宋式生活美学

宋 | 《墓室壁画》 / 宋

2021

星期一

6月28日

Monday

28 June

28

辛丑年

五月十九

179/365

扫一扫
听喜马拉雅官方音频
《宋朝小日子》

天下风流笋饼餤，人间济楚蕈馒头。

听 | 宋朝生计卖馒头

青釉盘 / 宋 / 食器

2021

星期二

6月29日

Tuesday

29 June

29

辛丑年

五月二十

180/365

饮食无他止养身，人间多少不惺惺。

听 | 宋朝生计卖馒头

听《宋朝小日子》，品宋式生活美学

青釉碗 / 宋 / 食器

2021

星期三

6月30日

Wednesday

30 June

30

辛丑年

五月廿一

181/365

朝哺细嚼家常饭，一卷神农本草经。

宋朝生计卖馒头

汝窑天青釉葵花洗 / 宋 / 食器

2021

星期四

7月1日

Thursday

1 July

01

辛丑年

五月廿二

建党节

182/365

垂胆新瓷出汝窑，满中几荚浸云苗。

持扇伺宴侍女 / 宋 / 四川泸县宋代石刻博物馆

2021

02

星期五

7月2日

Friday

2 July

辛丑年

五月廿三

183/365

宫中近臣抱扇立，侍女低鬟落翠花。

听 | 宋朝生计卖馒头

钧窑天蓝釉大碗 / 宋 / 食器

2021

星期六

7月3日

Saturday

3 July

03

辛丑年

五月廿四

184/365

公子彭生红缕肉，将军铁杖白莲肤。

宋 | 捧壶伺宴侍女 / 宋 / 四川泸县宋代石刻博物馆

2021

04

星期日

7月4日

Sunday

4 July

辛丑年

五月廿五

185/365

老去齿牙辜大嚼，流涎聊合慰馋奴。

《薇亭小憩图》局部 / 宋 / 赵大亨

2021

星期一

7月5日

Monday

5 July

05

辛丑年

五月廿六

186/365

扫一扫

听喜马拉雅官方音频

《宋朝小日子》

徐行散腰膂，小憩啬精神。

宋朝冷饮透心凉

听《宋朝小日子》，品宋式生活美学

《纳凉观瀑图》局部 / 宋 / 燕文贵

2021

星期二

7月6日

Tuesday

6 July

06

辛丑年

五月廿七

187/365

休养观书眼，调娱宴坐身。

听 | 宋朝冷饮透心凉

听《宋朝小日子》，品宋式生活美学

《柳院消暑图》局部 / 宋 / 佚名

2021

星期三

7月7日

Wednesday

7 July

07

辛丑年

五月廿八

小暑

188/365

正当盛暑都无热，不有薰风亦自凉。

《荷亭消夏图》局部 / 宋 / 佚名

宋朝小日子 / Cozy days in the Song Dynasty

2021

星期四

7月8日

Thursday

8 July

08

辛丑年

五月廿九

189/365

谁信人间五六月，清寒如在玉壶中。

听 | 宋朝冷饮透心凉

听《宋朝小日子》，品宋式生活美学

《槐荫消夏图》局部 / 宋 / 佚名

2021

星期五

7月9日

Friday

9 July

09

辛丑年

五月三十

190/365

轻衫短簟。林下日长聊散发。

《猿猴摘果图》局部 / 宋 / 易元吉

2021

星期六

7月10日

Saturday

10 July

10

辛丑年

六月初一

191/365

栖枝坠岸稳，拾果倒空悬。

听 | 宋朝冷饮透心凉

听《宋朝小日子》，品宋式生活美学

《龙舟竞渡图》局部 / 唐 / 李昭道

2021

星期日

7月11日

Sunday

11 July

11

辛丑年

六月初二

192/365

金明水上浮仙岛，画舸龙舟非草草。

听 | 宋朝冷饮透心凉

听《宋朝小日子》，品宋式生活美学

《舟人形图》局部 / 宋 / 马远

2021

星期一

7月12日

Monday

12 July

12

辛丑年

六月初三

193/365

扫一扫

听喜马拉雅官方音频

「宋朝小日子」

舴艋舟人无姓名。葫芦提酒乐平生。

宋人洗澡爱唱歌

听《宋朝小日子》，品宋式生活美学

《梅溪瀑布图》局部 / 宋 / 崔悫

宋朝小日子 / Cozy days in the Song Dynasty

2021

星期二

7月13日

Tuesday

13 July

13

辛丑年

六月初四

194/365

电激河翻白雨飞，青烟紫雾落斜晖。

听 | 宋人洗澡爱唱歌

宋 听《宋朝小日子》，品宋式生活美学

《松下观瀑》局部 / 宋 / 夏圭

2021

星期三

7月14日

Wednesday

14 July

14

辛丑年

六月初五

195/365

山中道士秘泉石，只到此亭牵客依。

听 | 宋人洗澡爱唱歌

听《宋朝小日子》，品宋式生活美学

《禽浴图》/ 宋 / 李迪

宋朝小日子 / Cozy days in the Song Dynasty

2021

星期四

7月15日

Thursday

15 July

15

辛丑年

六月初六

196/365

静坐时看松鼠饮，醉眠不碍山禽浴。

听 | 宋人洗澡爱唱歌

《观瀑图》局部 ／ 宋 ／ 马远

2021

星期五

7月16日

Friday

16 July

16

辛丑年

六月初七

197/365

一水高悬千尺梭，空林终日影婆娑。

听 | 宋人洗澡爱唱歌

宋 听《宋朝小日子》，品宋式生活美学

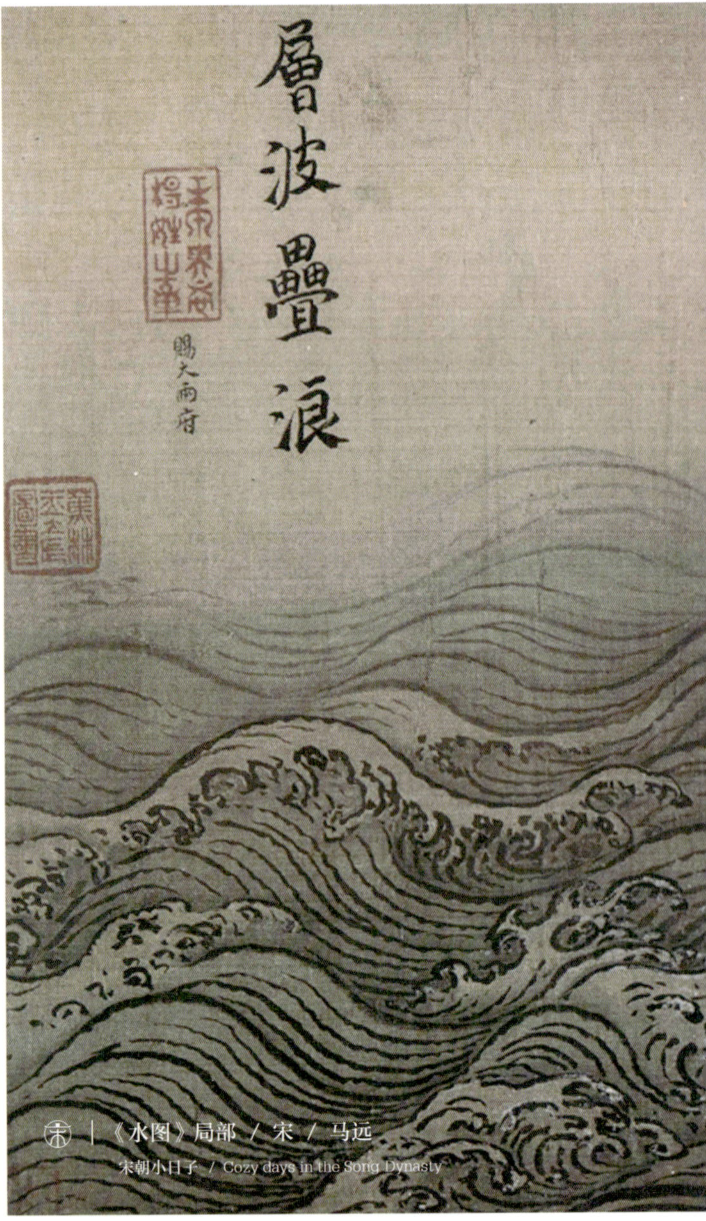

《水图》局部 / 宋 / 马远

宋朝小日子 / Cozy days in the Song Dynasty

2021

星期六
7月17日
Saturday
17 July

17

辛丑年
六月初八
198/365

金盘露重，银潢波浪载天流。

听 | 宋人洗澡爱唱歌

2021

星期日

7月18日

Sunday

18 July

18

辛丑年

六月初九

199/365

浑是华清出浴初，碧绡斜掩见红肤。

听 | 宋人洗澡爱唱歌

《大豆图》局部 / 宋 / 佚名

2021

星期一

7月19日

Monday

19 July

19

辛丑年

六月初十

200/365

扫一扫
听喜马拉雅官方音频
《宋朝小日子》

庭前新吐一花红，袭袭馨香醉蜜蜂。

宋人刷牙有讲究

《白蔷薇图》局部 / 宋 / 马远

宋朝小日子 / Cozy days in the Song Dynasty

2021

星期二

7月20日

Tuesday

20 July

20

辛丑年

六月十一

201/365

姚家别有神仙品，似着天香染御衣。

听 | 宋人刷牙有讲究

听《宋朝小日子》，品宋式生活美学

《垂杨飞絮图》局部 / 宋 / 佚名

2021

星期三

7月21日

Wednesday

21 July

21

辛丑年

六月十二

202/365

线捻依依绿，金垂袅袅黄。

宋人刷牙有讲究

听《宋朝小日子》，品宋式生活美学

汝窑冰片荷叶洗 / 宋 / 瓷器

2021

星期四

7月22日

Thursday

22 July

22

辛丑年

六月十三

大暑

203/365

漱泉枕石闲终日，满口水晶寒嚼瓜。

听 | 宋人刷牙有讲究

听《宋朝小日子》，品宋式生活美学

《芝仙祝寿图》局部 / 宋 / 崔白

2021

星期五

7月23日

Friday

23 July

23

辛丑年

六月十四

204/365

满酌玉杯萦舞袂。南春祝寿千千岁。

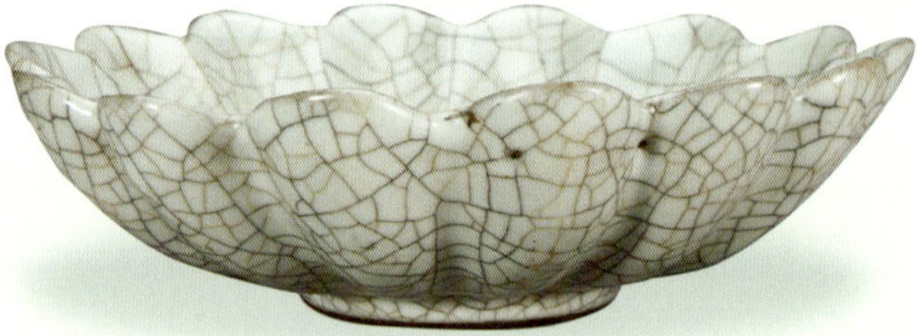

哥窑青釉菊瓣式盘 / 宋 / 瓷器

2021

星期六

7月24日

Saturday

24 July

24

辛丑年

六月十五

205/365

本来无火气，却似有云氲。

听 | 宋人刷牙有讲究

听《宋朝小日子》，品宋式生活美学

人物龟鹤纹镜 / 宋 / 铜器

2021

星期日

7月25日

Sunday

25 July

25

辛丑年

六月十六

206/365

翠剥青铜面，年深入手轻。

宋人刷牙有讲究

《妆靓仕女图》局部 / 宋 / 苏汉臣

2021

星期一

7月26日

Monday

26 July

26

辛丑年

六月十七

207/365

扫一扫

听喜马拉雅官方音频

《宋朝小日子》

淡淡梳妆薄薄衣。天仙模样好容仪。

听 | 宋人美妆讲名牌

2021

星期二

7月27日

Tuesday

27 July

27

辛丑年

六月十八

208/365

斗鸡旗底蓬蓬鼓，逐胜争名利害关。

《梅花绣眼图》局部 / 宋 / 赵佶

2021

星期三

7月28日

Wednesday

28 July

28

辛丑年

六月十九

209/365

玉镜台前晓带烟，锦屏风畔列婵娟。

听 | 宋人美妆讲名牌

《宫女图》局部 / 宋 / 刘松年

2021

星期四

7月29日

Thursday

29 July

29

辛丑年

六月二十

210/365

蕊珠宫女弄幽妍，初著春心娇小。

桂花纹剔红盒 / 宋 / 食盒

2021

星期五

7月30日

Friday

30 July

30

辛丑年

六月廿一

211/365

眉长眼细。淡淡梳妆新绾髻。

《宫女图》局部 / 宋 / 刘松年

2021

星期六

7月31日

Saturday

31 July

31

辛丑年

六月廿二

212/365

宫女三千颜绰约，绣衣十万彩斓斑。

听 | 宋人美妆讲名牌

《花篮图》/ 宋 / 佚名

2021

星期日

8月1日

Sunday

1 August

01

辛丑年

六月廿三

建军节

213/365

凌波仙子静中芳，也带酣红学醉妆。

《百鸟朝凤》局部 / 宋 / 佚名

2021

星期一

8月2日

Monday

2 August

02

辛丑年

六月廿四

214/365

扫一扫

听喜马拉雅官方音频

《宋朝小日子》

有鸟居丹穴，其名曰凤凰。

九苞应灵瑞，五色成文章。

《百鸟朝凤》局部 / 宋 / 佚名

2021

星期二

8月3日

Tuesday

3 August

03

辛丑年

六月廿五

215/365

百鸟听徘徊，忽如来凤凰。

听 | 宋人相亲很自由

宋 | 《百鸟朝凤》局部 / 宋 / 佚名
宋朝小日子 / Cozy days in the Song Dynasty

2021

04

星期三

8月4日

Wednesday

4 August

辛丑年

六月廿六

216/365

九重天上闻花气，五色云中应笑声。

《寒塘凫侣图》局部 / 宋 / 佚名

2021

星期四

8月5日

Thursday

5 August

05

辛丑年

六月廿七

217/365

波上双凫多乐意，依稀识者有吴融。

宋人相亲很自由

《红梅孔雀图》局部 / 宋 / 佚名

宋朝小日子 / Cozy days in the Song Dynasty

2021

星期五

8月6日

Friday

6 August

06

辛丑年

六月廿八

218/365

恋屏孔雀摇金尾，莺舌分明呼婢子。

听 | 宋人相亲很自由

宋 听《宋朝小日子》，品宋式生活美学

《花卉双禽图》局部 / 宋 / 佚名

2021

星期六

8月7日

Saturday

7 August

07

辛丑年

六月廿九

立秋

219/365

雨后双禽来占竹，秋深一蝶下寻花。

《孔雀图》局部 / 宋 / 佚名

2021

星期日

8月8日

Sunday

8 August

08

辛丑年

七月初一

220/365

翠角高独耸，金华焕相差。

| 《百鸟朝凤》局部 / 宋 / 佚名

2021

星期一

8月9日

Monday

9 August

09

辛丑年

七月初二

221/365

扫一扫
听喜马拉雅官方音频
《宋朝小日子》

家家乞巧望秋月，穿尽红丝几万条。

听 | 宋朝七夕乞巧来

《百鸟朝凤》局部 / 宋 / 佚名

2021

星期二

8月10日

Tuesday

10 August

10

辛丑年

七月初三

222/365

喧啾百鸟群，忽见孤凤凰。

听 | 宋朝七夕乞巧来

听《宋朝小日子》，品宋式生活美学

《霜柏山鸟图》局部 / 宋 / 佚名

2021

星期三

8月11日

Wednesday

11 August

11

辛丑年

七月初四

223/365

山鸟起清歌。晚来情更多。

《梅花双雀图》局部 / 宋 / 马麟

2021

星期四

8月12日

Thursday

12 August

12

辛丑年

七月初五

224/365

檐间双雀有时斗，壁下一蛩终日鸣。

听 | 宋朝七夕乞巧来

宋 | 花鸟纹绦环 / 宋 / 白玉 / 杭州宋代玉器艺术馆

2021

星期五

8月13日

Friday

13 August

13

辛丑年

七月初六

225/365

春葱指甲轻拢捻。五彩垂绦双袖卷。

宋朝七夕乞巧来

听《宋朝小日子》，品宋式生活美学

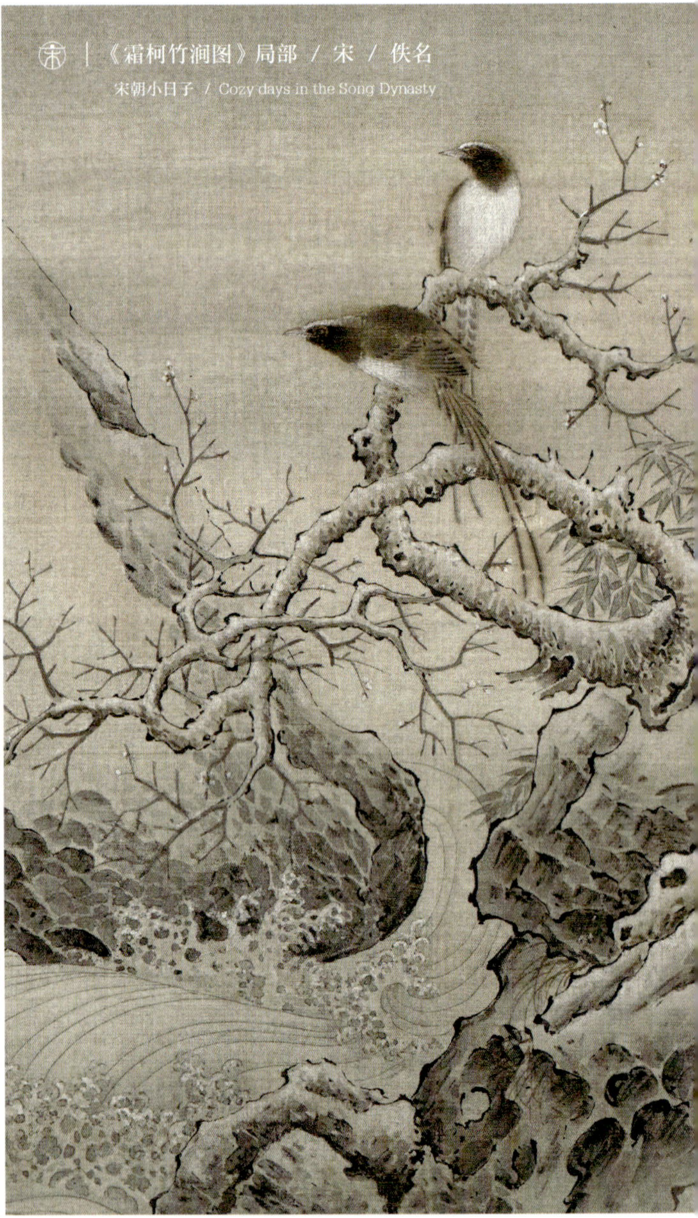

《霜柯竹涧图》局部 / 宋 / 佚名

2021

星期六

8月14日

Saturday

14 August

14

辛丑年

七月初七

七夕节

226/365

七夕今宵看碧霄，牵牛织女渡河桥。

听 | 宋朝七夕乞巧来

2021

15

星期日

8月15日

Sunday

15 August

辛丑年

七月初八

227/365

人间欢会于飞宴，天上佳期乞巧时。

《十八学士图》局部 / 宋 / 佚名
宋朝小日子 / Cozy days in the Song Dynasty

2021

星期一

8月16日

Monday

16 August

16

辛丑年

七月初九

228/365

扫一扫

听喜马拉雅官方音频

《宋朝小日子》

十八文星烂奎璧，玉堂高开连紫宫。

《十八学士图》局部 / 宋 / 佚名

2021

星期二

8月17日

Tuesday

17 August

17

辛丑年

七月初十

229/365

图形更诏丹青手，不独云台画将星。

《十八学士图》局部 / 宋 / 佚名

2021

星期三

8月18日

Wednesday

18 August

18

辛丑年

七月十一

230/365

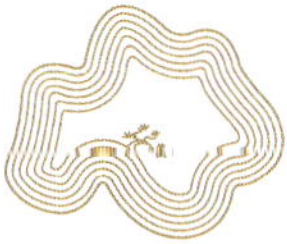

天生奇才真羽翼，南金大珠何足惜。

宋 | 《十八学士图》局部 / 宋 / 佚名

2021

星期四

8月19日

Thursday

19 August

19

辛丑年

七月十二

231/365

百年窗下棋千著，万事灯前酒一斟。

宋 | 《溪山雪意图》局部 / 宋 / 高克明

2021

星期五

8月20日

Friday

20 August

20

辛丑年

七月十三

232/365

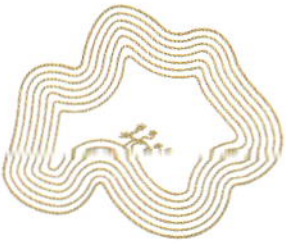

赤脚真人龙凤姿，俯视艺苑时游嬉。

《雪山行旅图》/ 宋 / 刘松年
宋朝小日子 / Cozy days in the Song Dynasty

2021

星期六
8月21日
Saturday
21 August

21

辛丑年
七月十四
233/365

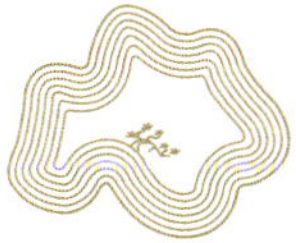

最爱东山晴后雪，却愁宜看不宜登。

《丹林诗意图》局部 / 宋 / 萧照

2021

星期日

8月22日

Sunday

22 August

22

辛丑年

七月十五

中元节

234/365

江南水寺中元夜，金粟栏边见月娥。

《歌乐图》局部 / 宋 / 佚名

2021

星期一

8月23日

Monday

23 August

23

辛丑年

七月十六

处暑

235/365

扫一扫

听喜马拉雅官方音频

《宋朝小日子》

琵琶金翠羽，弦上黄莺语。

《歌乐图》局部 / 宋 / 佚名

2021

24

星期二

8月24日

Tuesday

24 August

辛丑年

七月十七

236/365

倩谁寄语春宵。城头画鼓轻敲。

听 | 宋人抹胸可外穿

听《宋朝小日子》，品宋式生活美学

《清明上河图》局部 / 明 / 仇英

2021

星期三

8月25日

Wednesday

25 August

25

辛丑年

七月十八

237/365

数行褚帖临窗学，一卷陶诗傍枕开。

听 | 宋人抹胸可外穿

听《宋朝小日子》，品宋式生活美学

《歌乐图》局部 / 宋 / 佚名

2021

星期四

8月26日

Thursday

26 August

26

辛丑年

七月十九

238/365

吴儿踏歌女起舞，但道快乐无所苦。

听 | 宋人抹胸可外穿

听《宋朝小日子》，品宋式生活美学

宋 | 钧窑玫瑰紫釉梅瓶 / 宋 / 瓷器

2021

星期五

8月27日

Friday

27 August

27

辛丑年

七月二十

239/365

调朱旋滴梅瓶水，读过唐诗再点看。

听 | 宋人抹胸可外穿

听《宋朝小日子》，品宋式生活美学

《歌乐图》局部 / 宋 / 佚名

2021

星期六

8月28日

Saturday

28 August

28

辛丑年

七月廿一

240/365

梅花吹入谁家笛，行云半夜凝空碧。

听 | 宋人抹胸可外穿

听《宋朝小日子》，品宋式生活美学

《歌乐图》局部 / 宋 / 佚名

2021

星期日

8月29日

Sunday

29 August

29

辛丑年

七月廿二

241/365

无孔笛儿毡拍板，轻轻吹破御街寒。

听 | 宋人抹胸可外穿

听《宋朝小日子》，品宋式生活美学

2021

30

星期一

8月30日

Monday

30 August

辛丑年

七月廿三

242/365

扫一扫

听喜马拉雅官方音频

《宋朝小日子》

燕梁寂寂篆烟残，偷得劳生数刻闲。

宋人焚香很天然

《听阮图》局部 / 宋 / 李嵩

2021

星期二

8月31日

Tuesday

31 August

31

辛丑年

七月廿四

243/365

九枝擎烛灿繁星，百和焚香抽翠缕。

宋 |《灸艾图》局部 / 宋 / 李唐

2021

星期三

9月1日

Wednesday

1 September

01

辛丑年

七月廿五

244/365

炙帅施艾炷，酷若猎火围。

宋 | 《深堂琴趣图》局部 / 宋 / 佚名

2021

02

星期四

9月2日

Thursday

2 September

辛丑年

七月廿六

245/365

叩齿晨兴秋院静，焚香冥坐晚窗深。

听 | 宋人焚香很天然

听《宋朝小日子》，品宋式生活美学

《听琴图》局部 / 宋 / 赵佶

2021

星期五

9月3日

Friday

3 September

03

辛丑年

七月廿七

246/365

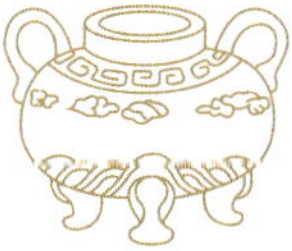

闲坐夜明月，幽人弹素琴。

宋 | 哥窑米黄釉双耳鼎式三足炉 / 宋 / 瓷器

2021

04

星期六

9月4日

Saturday

4 September

辛丑年

七月廿八

247/365

古殿神仙深杳杳，香炉烟翠起纤纤。

哥窑青釉双鱼耳炉 / 宋 / 瓷器

宋朝小日子 / Cozy days in the Song Dynasty

2021

星期日

9月5日

Sunday

5 September

05

辛丑年

七月廿九

248/365

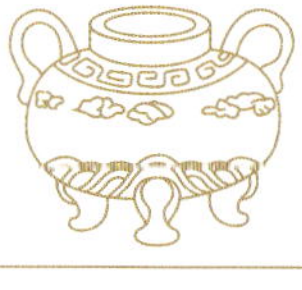

金鸭香炉起瑞烟。呈妙舞开筵。

听 | 宋人焚香很天然

听《宋朝小日子》，品宋式生活美学

《田畯醉归图》局部 / 宋 / 刘履中

2021

06

星期一

9月6日

Monday

6 September

辛丑年

七月三十

249/365

扫一扫

听喜马拉雅官方音频

《宋朝小日子》

荒村野岭酒旗风，立马闻香醉意中。

《田畯醉归图》局部 / 宋 / 刘履中

2021

星期二

9月7日

Tuesday

7 September

07

辛丑年

八月初一

白露

250/365

饮罢不妨醉卧，尘劳事、有耳谁听？

听 | 宋人酒水耐寻味

听《宋朝小日子》，品宋式生活美学

《布袋和尚图》局部 / 宋 / 梁楷

2021

星期三

9月8日

Wednesday

8 September

08

辛丑年

八月初二

251/365

布袋包尽太虚空，拄杖击破三千界。

《松寿图》局部 / 宋 / 马远
宋朝小日子 / Cozy days in the Song Dynasty

2021

星期四

9月9日

Thursday

9 September

09

辛丑年

八月初三

252/365

松鸣涧底自生风，月出林间来照席。

《濠梁秋水图》局部 / 宋 / 李唐

2021

星期五

9月10日

Friday

10 September

10

辛丑年

八月初四

教师节

253/365

乃知古学者，尊师复重友。

《月下把杯图》局部 / 宋 / 马远

2021

星期六

9月11日

Saturday

11 September

11

辛丑年

八月初五

254/365

下马饮君酒，问君何所之？

听 | 宋人酒水耐寻味

听《宋朝小日子》，品宋式生活美学

《送别图》局部 / 宋 / 佚名

2021

星期日

9月12日

Sunday

12 September

12

辛丑年

八月初六

255/365

但去莫复问，白云无尽时。

《明皇击球图》局部 / 宋 / 李公麟

宋朝小日子 / Cozy days in the Song Dynasty

2021

星期一

9月13日

Monday

13 September

13

辛丑年

八月初七

256/365

扫一扫

听喜马拉雅官方音频

《宋朝小日子》

球落处、圆光肷拐，双佩剑、侧蹑相连。

听 | 宋人喜好打马球

《明皇击球图》局部 / 宋 / 李公麟

2021

星期二

9月14日

Tuesday

14 September

14

辛丑年

八月初八

257/365

球簇桃花绮，歌巡竹叶觞。

听 | 宋人喜好打马球

听《宋朝小日子》，品宋式生活美学

《明皇击球图》局部 / 宋 / 李公麟

宋朝小日子 / Cozy days in the Song Dynasty

2021

星期三

9月15日

Wednesday

15 September

15

辛丑年

八月初九

258/365

球惊杖奋合且离，红牛缨绂黄金羁。

《明皇击球图》局部 / 宋 / 李公麟

宋朝小日子 / Cozy days in the Song Dynasty

2021

星期四

9月16日

Thursday

16 September

16

辛丑年

八月初十

259/365

西球场里打球回，御宴先于苑内开。

听 | 宋人喜好打马球

听《宋朝小日子》，品宋式生活美学

2021

星期五

9月17日

Friday

17 September

17

辛丑年

八月十一

260/365

侧身转臂著马腹，霹雳应手神珠驰。

听 | 宋人喜好打马球

2021

星期六

9月18日

Saturday

18 September

18

辛丑年

八月十二

261/365

小球场近曲池头，宣唤勋臣试打球。

听 | 宋人喜好打马球

《明皇幸蜀图》局部 / 宋 / 佚名

2021

星期日

9月19日

Sunday

19 September

19

辛丑年

八月十三

262/365

失守文皇业，来听望帝声。
向令曲江在，吾岂有兹行。

听 | 宋人喜好打马球

《清明上河图》局部 / 明 / 仇英

2021

星期一

9月20日

Monday

20 September

20

辛丑年

八月十四

263/365

扫一扫

听喜马拉雅官方音频

《宋朝小日子》

纷纷车马客，如集市人博。

《清明上河图》局部 / 明 / 仇英

2021

星期二

9月21日

Tuesday

21 September

21

辛丑年

八月十五

中秋节

264/365

渔村积火临沙岸，贾客连樯集市楼。

宋 | 《清明上河图》局部 / 明 / 仇英

2021

星期三

9月22日

Wednesday

22 September

22

辛丑年

八月十六

265/365

十里长街市井连，月明桥上看神仙。

宋 | 《清明上河图》局部 / 宋 / 张择端

2021

星期四

9月23日

Thursday

23 September

23

辛丑年

八月十七

秋分

266/365

年丰市井多欢笑，老子婆婆亦可不。

听 | 宋人喜逛市井处

听《宋朝小日子》，品宋式生活美学

《清明上河图》局部 / 明 / 仇英

2021

星期五

9月24日

Friday

24 September

24

辛丑年

八月十八

267/365

万家市井鱼盐合，千里川原彩画明。

听 | 宋人喜逛市井处

听《宋朝小日子》，品宋式生活美学

龙泉窑青釉弦纹三足炉 / 宋 / 瓷器

2021

星期六

9月25日

Saturday

25 September

25

辛丑年

八月十九

268/365

清芬醒耳目，余气入文章。

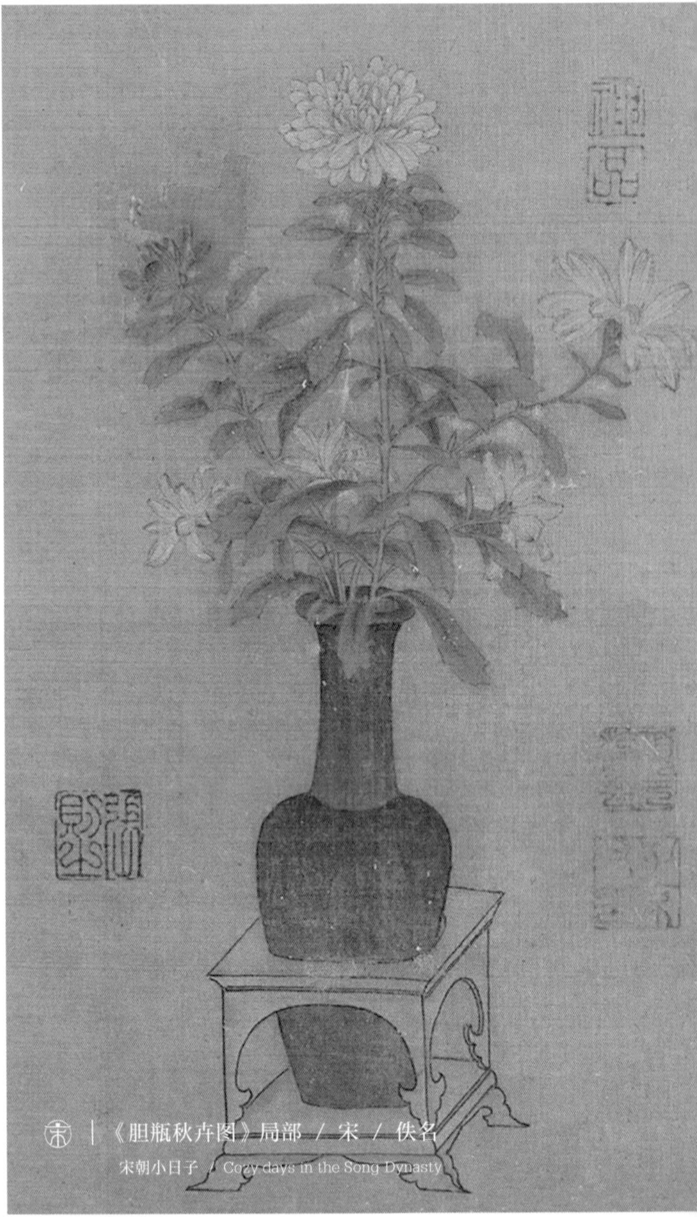

《胆瓶秋卉图》局部 / 宋 / 佚名

2021

星期日

9月26日

Sunday

26 September

26

辛丑年

八月二十

269/365

秋风融日满东篱，万叠轻红簇翠枝。

《松涧山禽图》局部 / 宋 / 佚名

2021

星期一

9月27日

Monday

27 September

27

辛丑年

八月廿一

270/365

扫一扫

听喜马拉雅官方音频

《宋朝小日子》

少游山水殊非俗，老爱诗书又似愚。

《青绿山水长卷》局部 / 宋 / 刘松年

2021

星期二

9月28日

Tuesday

28 September

28

辛丑年

八月廿二

271/365

傍水书斋一院秋。
参天松设色、绕枝柔。

《秋山红树图》局部 / 宋 / 萧照

2021

星期三

9月29日

Wednesday

29 September

29

辛丑年

八月廿三

272/365

雾色鲜宫殿，秋声脆管弦。

听 | 宋朝也有黄金周

听《宋朝小日子》，品宋式生活美学

㊅ | 《渭水飞熊图》局部 / 宋 / 刘松年

2021

星期四

9月30日

Thursday

30 September

30

辛丑年

八月廿四

273/365

竹竿袅袅波无际，不知何者吞吾钩。

《山水图》局部 / 宋 / 佚名

2021

星期五

10月1日

Friday

1 October

01

辛丑年

八月廿五

国庆节

274/365

照野弥弥浅浪，横空隐隐层霄。

《渭水飞熊图》局部 / 宋 / 刘松年

2021

星期六

10月2日

Saturday

2 October

02

辛丑年

八月廿六

275/365

风劲角弓鸣，将军猎渭城。

《渭水飞熊图》局部 / 宋 / 刘松年

2021

星期日

10月3日

Sunday

3 October

03

辛丑年

八月廿七

276/365

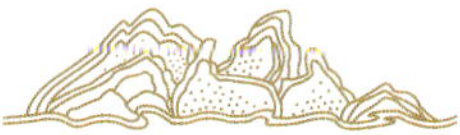

草枯鹰眼疾，雪尽马蹄轻。

听 | 宋朝也有黄金周

听《宋朝小日子》，品宋式生活美学

《西园雅集》局部 / 宋 / 刘松年

2021

星期一

10月4日

Monday

4 October

04

辛丑年

八月廿八

277/365

扫一扫

听喜马拉雅官方音频

《宋朝小日子》

四海才华萃，西园爽气浓。

《南唐文会图》局部 / 宋 / 赵昌

2021

星期二

10月5日

Tuesday

5 October

05

辛丑年

八月廿九

278/365

南唐虽僻立，亦自尚文规。

《南唐文会图》局部 / 宋 / 赵昌

2021

星期三

10月6日

Wednesday

6 October

06

辛丑年

九月初一

279/365

簪佩徜徉处，图书左右披。

《万壑松风图》局部 / 宋 / 李唐

2021

星期四

10月7日

Thursday

7 October

07

辛丑年

九月初二

280/365

为我一挥手，如听万壑松。

《陶潜赏菊图》局部 / 宋 / 赵令穰
宋朝小日子 / Cozy days in the Song Dynasty

2021

星期五

10月8日

Friday

8 October

08

辛丑年

九月初三

寒露

281/365

不是花中偏爱菊，此花开尽更无花。

《千里江山图》局部 / 宋 / 王希孟

2021

星期六

10月9日

Saturday

9 October

09

辛丑年

九月初四

282/365

远岫四呈青欲滴，长空一抹明于镜。

《仙山楼阁图》局部 / 宋 / 赵伯驹

2021

星期日

10月10日

Sunday

10 October

10

辛丑年

九月初五

283/365

秋舸人登绝浪皴，仙山楼阁镜中尘。

宋 | 青白玉如意云纹扳指 / 宋 / 玉器

2021

星期一

10月11日

Monday

11 October

11

辛丑年

九月初六

284/365

扫一扫
听喜马拉雅官方音频
《宋朝小日子》

结发为夫妻，恩爱两不疑。
欢娱在今夕，嬿婉及良时。

宋 | 《瓦雀栖枝图》局部 / 宋 / 佚名

宋朝小日子 / Cozy days in the Song Dynasty

2021

星期二

10月12日

Tuesday

12 October

12

辛丑年

九月初七

285/365

天涯地角有穷时，只有相思无尽处。

《芙蓉锦鸡图》局部 / 宋 / 赵佶

2021

星期三

10月13日

Wednesday

13 October

13

辛丑年

九月初八

286/365

若教眼底无离恨，不信人间有白头。

2021

星期四

10月14日

Thursday

14 October

14

辛丑年

九月初九

重阳节

287/365

欲寄彩笺兼尺素。山长水阔知何处。

宋人宠妻很圈粉

《秋渚文禽图》局部 / 宋 / 佚名

2021

星期五

10月15日

Friday

15 October

15

辛丑年

九月初十

288/365

鸿雁在云鱼在水。惆怅此情难寄。

听 | 宋人宠妻很圈粉

《雀山茶图》局部 / 宋 / 佚名

2021

星期六

10月16日

Saturday

16 October

16

辛丑年

九月十一

289/365

明月不谙离恨苦。斜光到晓穿朱户。

穿花螭纹绦环 / 宋 / 玉器

2021

星期日

10月17日

Sunday

17 October

17

辛丑年

九月十二

290/365

腰中双绮带，梦为同心结。

青玉兽面纹琮 / 宋 / 玉器

2021

星期一

10月18日

Monday

18 October

18

辛丑年

九月十三

291/365

扫一扫

听喜马拉雅官方音频

《宋朝小日子》

民间利病搜求久，财计源流讲究深。

宋朝假钞可分辨

听《宋朝小日子》，品宋式生活美学

执芝人物 / 宋 / 白玉 / 杭州宋代玉器艺术馆

2021

星期二

10月19日

Tuesday

19 October

19

辛丑年

九月十四

292/365

丹田自种留年药，玄谷长生续命芝。

听 | 宋朝假钞可分辨

听《宋朝小日子》，品宋式生活美学

金步摇 / 宋 / 金银器

2021

星期三

10月20日

Wednesday

20 October

20

辛丑年

九月十五

293/365

水边侧耳翠蓟叶，陂下销魂金步摇。

螭纹鞢形佩 / 宋 / 玉器

2021

星期四

10月21日

Thursday

21 October

21

辛丑年

九月十六

294/365

玉佩玎珰风缥缈。望娇姿、一似垂杨袅。

靖元通宝 / 宋 / 货币

2021

星期五

10月22日

Friday

22 October

22

辛丑年

九月十七

295/365

人生贵相知，何必金与钱。

听 | 宋朝假钞可分辨

听《宋朝小日子》，品宋式生活美学

㊪ | 持荷玉童子 / 宋 / 玉器

2021

星期六

10月23日

Saturday

23 October

23

辛丑年

九月十八

霜降

296/365

接天莲叶无穷碧，映日荷花别样红。

听 | 宋朝假钞可分辨

青白玉穿花龙纹绦环 / 宋 / 玉器

2021

星期日

10月24日

Sunday

24 October

24

辛丑年

九月十九

297/365

华阳巾子碧绦环，紫府帘前旧押班。

听 | 宋朝假钞可分辨

听《宋朝小日子》，品宋式生活美学

《征人晓发图》局部 / 宋 / 佚名

2021

星期一

10月25日

Monday

25 October

25

辛丑年

九月二十

298/365

扫一扫

听喜马拉雅官方音频

《宋朝小日子》

出门万里心，谁不伤别离。

《青绿山水长卷》局部 / 宋 / 刘松年

2021

星期二

10月26日

Tuesday

26 October

26

辛丑年

九月廿一

299/365

虫声窗外月，书册夜深灯。

《四景山水图》局部 / 宋 / 刘松年
宋朝小日子 / Cozy days in the Song Dynasty

2021

星期三

10月27日

Wednesday

27 October

27

辛丑年

九月廿二

300/365

冉冉秋光留不住，满阶红叶暮。

《四景山水图》局部 / 宋 / 刘松年

2021

星期四

10月28日

Thursday

28 October

28

辛丑年

九月廿三

301/365

梅谢粉，柳拖金。香满旧园林。

宋人偷懒点外卖

听《宋朝小日子》，品宋式生活美学

《四景山水图》局部 / 宋 / 刘松年

2021

星期五

10月29日

Friday

29 October

29

辛丑年

九月廿四

302/365

纸屏石枕竹方床，手倦抛书午梦长。

《采薇图》局部 / 宋 / 李唐

2021

30

星期六

10月30日

Saturday

30 October

辛丑年

九月廿五

303/365

采薇采薇，山是人非。薇满西山，不生夷齐。

定窑刻花盖罐 / 宋 / 瓷器

2021

星期日

10月31日

Sunday

31 October

31

辛丑年

九月廿六

万圣节

304/365

白瓷瓯甚洁，红炉炭方炽。

《五星二十八宿神形图》局部（女星神）/ 张僧繇

2021

星期一

11月1日

Monday

1 November

01

辛丑年

九月廿七

305/365

扫一扫

听喜马拉雅官方音频

《宋朝小日子》

老马何曾有角生，羝羊触藩徒忿懥。

《五星二十八宿神形图》局部（牛星神）/ 张僧繇

2021

星期二

11月2日

Tuesday

2 November

02

辛丑年

九月廿八

306/365

天阶夜色凉如水，卧看牵牛织女星。

｜《五星二十八宿神形图》局部（尾星神）/ 张僧繇
宋朝小日子 / Cozy days in the Song Dynasty

2021

星期三

11月3日

Wednesday

3 November

03

辛丑年

九月廿九

307/365

鸿雁长飞光不度，鱼龙潜跃水成文。

《五星二十八宿神形图》局部（心星神）/ 张僧繇

2021

星期四

11月4日

Thursday

4 November

04

辛丑年

九月三十

308/365

房星纵，心星横，斗牛阑干河汉明。

《五星二十八宿神形图》局部（角星神）/ 张僧繇

2021

星期五

11月5日

Friday

5 November

05

辛丑年

十月初一

309/365

嫁娶婚姻生贵子，文人及第见君王。

《五星二十八宿神形图》局部（金星神）/ 张僧繇

2021

星期六

11月6日

Saturday

6 November

06

辛丑年

十月初二

310/365

鱼龙吞吐四海水，鸾鹤歌啸三天云。

宋 |《五星二十八宿神形图》局部（辰星神）/ 张僧繇

宋朝小日子 / Cozy days in the Song Dynasty

2021

星期日

11月7日

Sunday

7 November

07

辛丑年

十月初三

立冬

311/365

兴酣落笔摇五岳，诗成笑傲凌沧洲。

《清明上河图》局部 / 明 / 仇英

2021

星期一

11月8日

Monday

8 November

08

辛丑年

十月初四

312/365

扫一扫

听喜马拉雅官方音频

《宋朝小日子》

佳婿欣逢公瑾，新婚喜近英台。

宋人婚姻源本心

《蜀葵图》局部 / 宋 / 佚名

2021

星期二

11月9日

Tuesday

9 November

09

辛丑年

十月初五

313/365

翩翩蝴蝶成双过，两两蜀葵相背开。

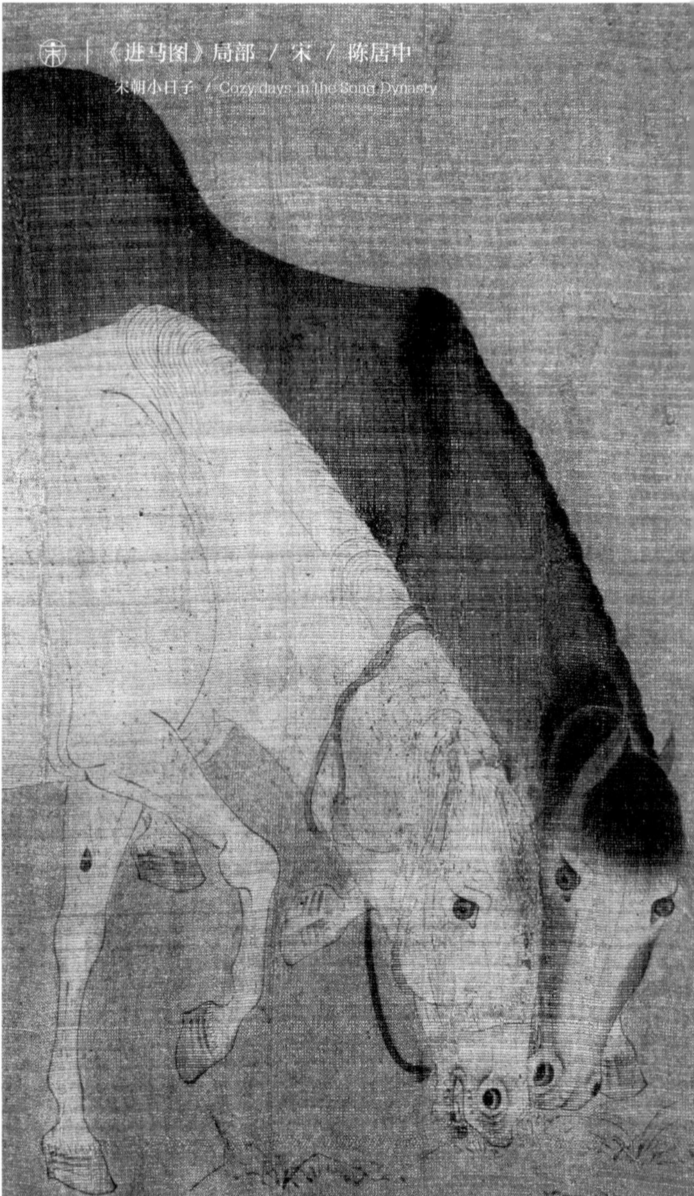

《进马图》局部 / 宋 / 陈居中

2021

星期三

11月10日

Wednesday

10 November

10

辛丑年

十月初六

314/365

神物飞腾那可测，电扫风驰周四极。

凤鸟纹饰件 / 宋 / 白玉 / 杭州宋代玉器艺术馆

2021

星期四

11月11日

Thursday

11 November

11

辛丑年

十月初七

315/365

赵瑟初停凤凰柱，蜀琴欲奏鸳鸯弦。

宋 |《文姬图》局部 / 宋 / 佚名

2021

星期五

11月12日

Friday

12 November

12

辛丑年

十月初八

316/365

交情通意心和谐，中夜相从知者谁？

宋人婚姻源本心

听《宋朝小日子》，品宋式生活美学

《四美图》局部 / 宋 / 佚名

2021

星期六

11月13日

Saturday

13 November

13

辛丑年

十月初九

317/365

美人颜煌煌，奇服烂五色。

听 | 宋人婚姻源本心

听《宋朝小日子》，品宋式生活美学

《榆林窟》局部 / 宋 / 佚名

宋朝小日子 / Cozy days in the Song Dynasty

2021

星期日

11月14日

Sunday

14 November

14

辛丑年

十月初十

318/365

颦笑浅。双眸望月牵红线。

听 | 宋人婚姻源本心

宋 | 《云山楼阁图》局部 / 宋 / 佚名

2021

星期一

11月15日

Monday

15 November

15

辛丑年

十月十一

319/365

扫一扫
听喜马拉雅官方音频
《宋朝小日子》

南国雕胡奉紫庭，九重楼阁瑞云生。

《鸡图》局部 / 宋 / 毛益

2021

星期二

11月16日

Tuesday

16 November

16

辛丑年

十月十二

320/365

三声唤出扶桑日，扫尽残星与晓月。

《江山秋色图》/ 宋 / 赵伯驹

2021

星期三

11月17日

Wednesday

17 November

17

辛丑年

十月十三

321/365

西风先自无消息，忽上青林报秋色。

《楼阁图》局部 / 宋 / 夏明远

2021

星期四

11月18日

Thursday

18 November

18

辛丑年

十月十四

322/365

万岁山前珠翠绕，蓬壶殿里笙歌作。

2021

星期五

11月19日

Friday

19 November

19

辛丑年

十月十五

323/365

榴枝婀娜榴实繁，榴膜轻明榴子鲜。

牡丹瑞兽门扇 / 宋 / 四川泸县宋代石刻博物馆

2021

星期六

11月20日

Saturday

20 November

20

辛丑年

十月十六

324/365

月华如水笼香砌，金环碎撼门初闭。

宋李迪

《苏武牧羊图》/ 宋 / 李迪

2021

星期日

11月21日

Sunday

21 November

21

辛丑年

十月十七

325/365

牧羊驱马虽戎服，白发丹心尽汉臣。

《群鱼戏瓣图卷》局部 / 宋 / 刘寀

2021

星期一

11月22日

Monday

22 November

22

辛丑年

十月十八

小雪

326/365

扫一扫

听喜马拉雅官方音频

《宋朝小日子》

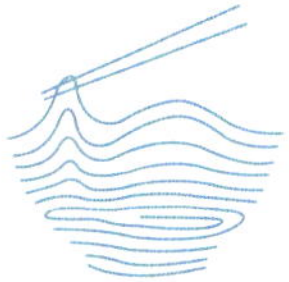

长江绕郭知鱼美，好竹连山觉笋香。

宋朝饭菜好精致

听《宋朝小日子》，品宋式生活美学

宋
《群鱼戏瓣图卷》局部 / 宋 / 刘寀
宋朝小日子 / Cozy days in the Song Dynasty

2021

星期二

11月23日

Tuesday

23 November

23

辛丑年

十月十九

327/365

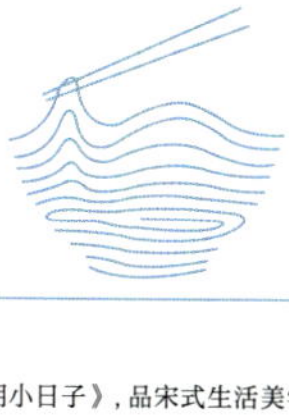

鲈肥菰脆调羹美，荞熟油新作饼香。

《群鱼戏瓣卷》局部 / 宋 / 刘寀

2021

星期三

11月24日

Wednesday

24 November

24

辛丑年

十月二十

328/365

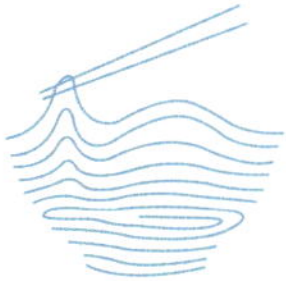

溪流渺渺净涟漪，鱼跃鱼潜乐自知。

《鸡雏待饲图》局部 / 宋 / 李迪

2021

星期四

11月25日

Thursday

25 November

25

辛丑年

十月廿一

感恩节

329/365

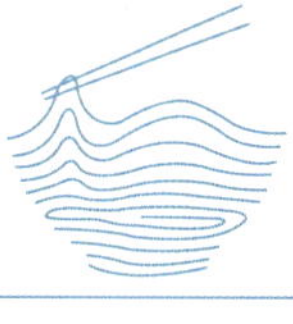

稻粱犹足活诸雏，妒敌专场好自娱。

《文会图》局部 / 宋 / 赵佶

2021

星期五

11月26日

Friday

26 November

26

辛丑年

十月廿二

330/365

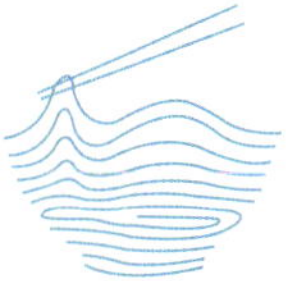

登阁共看彭蠡水，围炉相忆杜陵秋。

《子母鸡图》局部 / 宋 / 佚名

2021

星期六

11月27日

Saturday

27 November

27

辛丑年

十月廿三

331/365

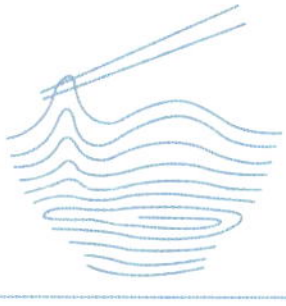

偎窠伏子无昏昼，覆体呼儿伴夕曛。

定窑白釉刻莲花纹折腰碗 / 宋 / 瓷器

2021

星期日

11月28日

Sunday

28 November

28

辛丑年

十月廿四

332/365

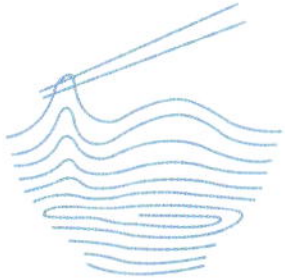

沈水烟横香雾，茗碗浅浮琼乳。

听 | 宋朝饭菜好精致

《西湖十景图册》局部 / 宋 / 叶肖岩

2021

星期一

11月29日

Monday

29 November

29

辛丑年

十月廿五

333/365

扫一扫

听喜马拉雅官方音频

《宋朝小日子》

宝祐贻今岁月赊，断桥仍见雪飞花。

《西湖十景图册》局部 / 宋 / 叶肖岩

2021

30

星期二

11月30日

Tuesday

30 November

辛丑年

十月廿六

334/365

谁能悟彻七条披，叠翠南屏万古斯。

《西湖十景图册》局部 / 宋 / 叶肖岩

2021

星期三

12月1日

Wednesday

1 December

01

辛丑年

十月廿七

335/365

窣堵峰头夕照披，迹传南宋旧名垂。

《西湖十景图册》局部 / 宋 / 叶肖岩

2021

星期四

12月2日

Thursday

2 December

02

辛丑年

十月廿八

336/365

祇园西畔藻池清，翠色文鳞纵复横。

听 | 宋朝吃货打卡地

听《宋朝小日子》，品宋式生活美学

《雪渔图》局部 / 宋 / 佚名

2021

星期五

12月3日

Friday

3 December

03

辛丑年

十月廿九

337/365

绕池闲步看鱼游，正值儿童弄钓舟。

《雪渔图》局部 / 宋 / 佚名

2021

星期六

12月4日

Saturday

4 December

04

辛丑年

十一月初一

338/365

板桥驴背阅山姿，收雪奚童破冷随。

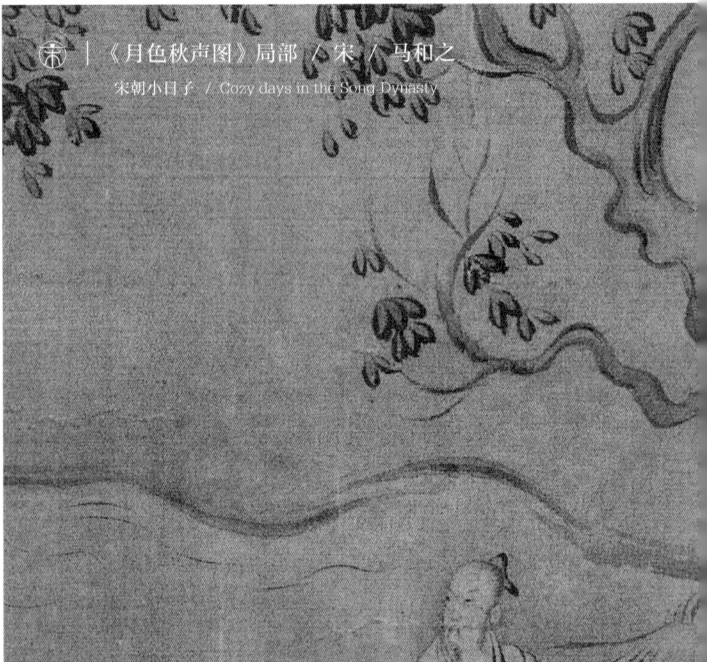

《月色秋声图》局部 / 宋 / 马和之

2021

星期日

12月5日

Sunday

5 December

05

辛丑年

十一月初二

339/365

白沙留月色，绿竹助秋声。

㊡ | 官窑青釉八棱弦纹长颈瓶 / 宋 / 瓷器

2021

星期一

12月6日

Monday

6 December

06

辛丑年

十一月初三

340/365

扫一扫

听喜马拉雅官方音频

《宋朝小日子》

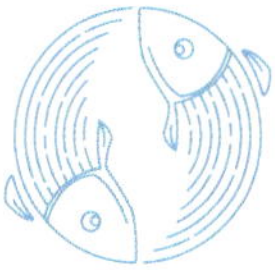

道是渠侬不好事，青瓷瓶插紫薇花。

青白玉单耳卮 / 宋 / 玉器

2021

07

星期二

12月7日

Tuesday

7 December

辛丑年

十一月初四

大雪

341/365

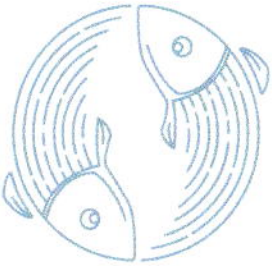

将军玉帐貂鼠衣，手持酒杯看雪飞。

《竹鸡图》局部 / 宋 / 萝窗

2021

星期三

12月8日

Wednesday

8 December

08

辛丑年

十一月初五

342/365

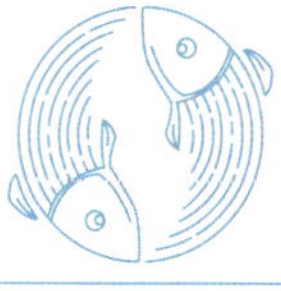

山禽嘲哳意都迷，滑滑仍愁叫竹鸡。

《明皇斗鸡图》局部 / 宋 / 李嵩

宋朝小日子 / Cozy days in the Song Dynasty

2021

09

星期四

12月9日

Thursday

9 December

辛丑年

十一月初六

343/365

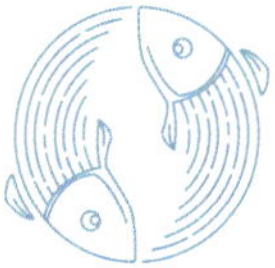

走马斗鸡年少趣，椎牛酾酒军中乐。

《折槛图》局部 / 宋 / 佚名

2021

星期五

12月10日

Friday

10 December

10

辛丑年

十一月初七

344/365

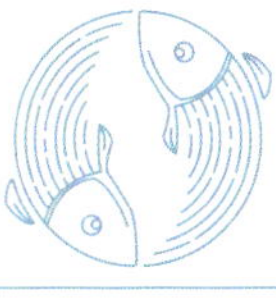

小麦绕村苗郁郁，柔桑满陌椹累累。

哥窑八方碗 / 宋 / 瓷器

2021

星期六

12月11日

Saturday

11 December

11

辛丑年

十一月初八

345/365

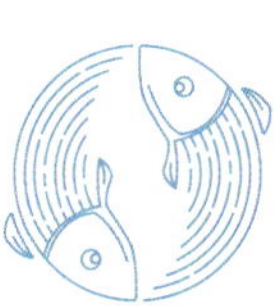

新刍自酌花瓷碗，醉倒扶携夕照中。

听 | 宋朝皇帝吃什么

游龙仙子耳杯 / 宋 / 白玉 / 杭州宋代玉器艺术馆

2021

星期日

12月12日

Sunday

12 December

12

辛丑年

十一月初九

346/365

火云不入长松径，露茗何须白玉杯。

宋朝皇帝吃什么

听《宋朝小日子》，品宋式生活美学

《万松金阙图》局部 / 宋 / 赵伯骕

2021

星期一

12月13日

Monday

13 December

13

辛丑年

十一月初十

347/365

扫一扫

听喜马拉雅官方音频

《宋朝小日子》

长松掀髯若群龙，下绕宫阙云千重。

《溪山雪意图》局部 // 宋 / 高克明

2021

星期二

12月14日

Tuesday

14 December

14

辛丑年

十一月十一

348/365

霜风飒飒溪山碧。寒波一望伤行色。

《雪堂客话图》局部 / 宋 / 夏圭

2021

星期三

12月15日

Wednesday

15 December

15

辛丑年

十一月十二

349/365

谪来谁作久长居，便拟明朝归旧庐。

《溪山雪意图》局部 / 宋 / 高克明

2021

星期四

12月16日

Thursday

16 December

16

辛丑年

十一月十三

350/365

前日作雪风败之，今日浓雪雪复作。

《风雨牧归图》局部 / 宋 / 李迪

2021

星期五

12月17日

Friday

17 December

17

辛丑年

十一月十四

351/365

南村牧牛儿，赤脚踏牛立，
衣穿江风冷，笠败山雨急。

《烟岚秋晓图卷》局部 / 宋 / 范宽

2021

星期六

12月18日

Saturday

18 December

18

辛丑年

十一月十五

352/365

云树四围当户暝，烟岚一带隔帘浮。

《雪景寒林图》局部 / 宋 / 范宽

2021

星期日

12月19日

Sunday

19 December

19

辛丑年

十一月十六

353/365

雪消新洗寒林碧。华堂向晚开瑶席。

官窑青釉八方弦纹盘口瓶 / 宋 / 瓷器

2021

星期一

12月20日

Monday

20 December

20

辛丑年

十一月十七

354/365

扫一扫

听喜马拉雅官方音频

「宋朝小日子」

玲珑剔透万般好，静中见动青山来。

《寒鸦图》局部 / 宋 / 李成

2021

星期二

12月21日

Tuesday

21 December

21

辛丑年

十一月十八

冬至

355/365

点点飞来绕水村，不缘街鼓识黄昏。

听 | 宋朝冬至去祭天

听《宋朝小日子》，品宋式生活美学

《寒鸦图》局部 / 宋 / 李成

宋朝小日子 / Cozy days in the Song Dynasty

2021

星期三

12月22日

Wednesday

22 December

22

辛丑年

十一月十九

356/365

北风万里吹石裂，古树槎枒摧朽铁。

㊍ |《寒鸦图》局部 / 宋 / 李成

宋朝小日子 / Cozy days in the Song Dynasty

2021

星期四

12月23日

Thursday

23 December

23

辛丑年

十一月二十

357/365

群乌哑哑如苦饥，倦飞还向空林歇。

听 | 宋朝冬至去祭天

《雪山图》局部 / 宋 / 刘松年

宋朝小日子 / Cozy days in the Song Dynasty

2021

星期五

12月24日

Friday

24 December

24

辛丑年

十一月廿一

平安夜

358/365

万壑千岩冻不开，琼楼玉宇似天台。

听 | 宋朝冬至去祭天

宋 听《宋朝小日子》，品宋式生活美学

《雪山行骑图》局部 / 宋 / 佚名

2021

25

星期六

12月25日

Saturday

25 December

辛丑年

十一月廿二

圣诞节

359/365

野桥路迷雪初集，行旅萧萧骑行急。

听 | 宋朝冬至去祭天

《雪景图》局部 / 宋 / 佚名

宋朝小日子 / Cozy days in the Song Dynasty

2021

星期日

12月26日

Sunday

26 December

26

辛丑年

十一月廿三

360/365

江边钓雪翁荷笠，道上行人马度桥。

听 | 宋朝冬至去祭天

听《宋朝小日子》，品宋式生活美学

宋 梁楷《雪景山水图》局部 / 宋 / 梁楷

2021

星期一

12月27日

Monday

27 December

27

辛丑年

十一月廿四

361/365

扫一扫

听喜马拉雅官方音频

《宋朝小日子》

雪满群山万类沉，幽人闭户寂无心。

《雪桥买鱼图》局部 / 宋 / 佚名

2021

星期二

12月28日

Tuesday

28 December

28

辛丑年

十一月廿五

362/365

卖鱼买酒醉日日，长是太平无事年。

《雪滩双鹭图》局部 / 宋 / 马远

宋朝小日子 / Cozy days in the Song Dynasty

2021

星期三

12月29日

Wednesday

29 December

29

辛丑年

十一月廿六

363/365

对欹雪顶思寻水，更振霜翎恐染尘。

《仙女乘鸾图》局部 / 宋 / 佚名

2021

星期四

12月30日

Thursday

30 December

30

辛丑年

十一月廿七

364/365

醉来直驾仙鸾去，不到银河到广寒。

《瑞鹤图》局部 / 宋 / 赵佶

宋朝小日子 / Cozy days in the Song Dynasty

2021

星期五

12月31日

Friday

31 December

31

辛丑年

十一月廿八

365/365

闷即驾乘千岁鹤，闲来高卧九重云。

唯物主艺（ARTICLE）是北京晟美创意艺术设计有限公司旗下的文创设计师品牌，秉承“格物而起，从艺而终”的造物理念，推崇“礼遇宋代，风雅生活”的创意主题，深度挖掘宋代文化的精神内涵与美学价值，将古典艺术融于文化创意产品中，目前已推出了《致千里》《君上河》《友闲趣》《夜未央》《鹤历游》等宋代主题的系列文创产品。唯物主艺时刻以匠心精神构架更多精彩创意，朝着初心与梦想无止境地前进。

出　　品	阅想时代 × 唯物主艺
总 策 划	李晓飞
视觉总监	李青
执行设计	庞艳　朱颖
营销总监	李汐
文案策划	李珊
责任编辑	白桂珍

支持单位	四川泸县宋代石刻博物馆
	杭州宋代玉器艺术馆
	上海宋潮艺术中心

采购热线	010-59673990　010-87527280
投稿邮箱	ada_xinzhi @126.com

上架指导：历书/艺术

ISBN 978-7-300-28451-4

9 787300 284514 >

定价：150.00元

唯物主艺®